ZEFIX!

DAS BUCH ZUM FLUCH

VON MARTIN BOLLE, MARKUS KELLER
UND ONO MOTHWURF

„JA HIMMEHERRGOD-SAGGRAMENT ALLELUJAH,"
○ ○ ○ ○

REINHOLD AMAN

ERST AMOI VORWEG

Gäbe es eine der Fußball-WM vergleichbare Schimpf- und Fluch-WM, wäre Bayern einziger Favorit. Nicht von ungefähr ist Reinhold Aman, der Große Alte Mann der Schimpfwortforschung, gebürtiger Niederbayer und somit Angehöriger eines Volkes, das beim Fluchen die Balance zwischen Erde und Himmel besser zu halten weiß als andere. Hier die von uns maßvoll bavarisierte Version seines Lieblingsfluchs: „Ja Himmeherrgodsaggramentallelujah, bluadiga, dreiadreißg Jahr lang barfuaßglaffana Greizgruzifix, vareggda!"

Dieser Fluch kann als Beispiel dafür dienen, was beim Fluchen, psychologisch gesehen, vor sich geht: Der Mensch erleidet eine Frustration, was in ihm einen Affekt hervorruft, der sich in einer Aggression, also dem Fluchen oder Schimpfen, Bahn verschafft. Dieses Buch enthält auch bündigere Flüche. Möge es – Zefix no amoi! – der Menschheit dabei helfen, den Weg von der Frustration über den Affekt zur Aggression ebenso kraftvoll wie elegant zu bewältigen!

HERMANN UNTERSTÖGER
SÜDDEUTSCHE ZEITUNG

INHALT

01
NICHT SCHÖN, ABER ECHT

NO. 01 KAASLOAWE
NO. 02 OIDE FISCHHAUD
NO. 03 WAMMERL
NO. 04 SCHOASSDROMME
NO. 05 KRISCHPERL
NO. 06 BLATTADA
NO. 07 SCHEIBN
NO. 08 KERNDLGFUADADA
NO. 09 SCHOASBLODAN
NO. 10 GWAMBADA UHU
NO. 11 DIRRA HEITA
NO. 12 GREISLIGA PFUIDEIFE
NO. 13 KRAPFA
NO. 14 GRACHAL

02
DAS UNBESCHREIBLICH WEIBLICHE

NO. 15 BEISSZANG
NO. 16 MISTVIECH
NO. 17 KRAMPFHENNA
NO. 18 SACK VOI HIRSCHGWEIH
NO. 19 RADSCHKATL
NO. 20 SCHIXN
NO. 21 GSCHNAPPIGE GREDL
NO. 22 BIXLMADAM
NO. 23 OIDE SCHÄSN
NO. 24 GIFTNUDL

03
DER MANN, DIE SCHAUMKRONE DER SCHÖPFUNG

NO. 25   GROSSKOPFADA
NO. 26   WADLBEISSA
NO. 27   DRECKHAMME
NO. 28   SCHNOINTREIBA
NO. 29   RENNSEMME
NO. 30   RAMME
NO. 31   OACHEBEA

04
GEISTIGE SPÄTAUFSTEHER

NO. 32   HAUMDAUCHA
NO. 33   HIRNDIBI
NO. 34   HIMBEERDONI
NO. 35   DRAAMHAPPADA
NO. 36   BREZNSOIZA
NO. 37   KLETZNBENI
NO. 38   BAUERNFÜMFA
NO. 39   AM DEPP SEI HACKLSTECKA
NO. 40   KRIAGLWASCHA
NO. 41   LALLI
NO. 42   DRIDSCHLA
NO. 43   GRAXNDRAGA

05
CHARAKTERLICHE UNTEROPTIMIERUNG

NO. 44   GSCHAFTLMACHA
NO. 45   HEISLSCHLEICHA
NO. 46   VERKLOGHAFAL
NO. 47   HODALUMP
NO. 48   HOIBSCHARIGA
NO. 49   RAUSCHKUGL
NO. 50   HINTAFOTZIGA
NO. 51   ODRAHDA
NO. 52   DIPFERLSCHEISSER
NO. 53   ZSAMMGSUFFANA
NO. 54   GSCHROAMEIER
NO. 55   GIFTHAFAL
NO. 56   NUDLDRUGGA

06
JUGENDFREI IST WAS ANDERES

NO. 57   BRITSCHN
NO. 58   ZIPFEKLATSCHA
NO. 59   BRUNZKACHE
NO. 60   KUTTNBRUNZA

INHALT

07
MITTELLOS UND AUCH SONST NICHTS LOS

NO. 61 LAARE HOSN
NO. 62 GRATTLER
NO. 63 NOAGALZUZLA
NO. 64 KLOAHEISLA
NO. 65 HEMMADLENZ
NO. 66 FREIBIERLÄDSCHN

08
IMMER AUF DIE KLEINEN

NO. 67 KNIABIESLA
NO. 68 KLOASCHOASS
NO. 69 ROTZLEFFE
NO. 70 FLASCHLBUTZA
NO. 71 ZIGARETTNBIASCHAL
NO. 72 ZELTEN
NO. 73 BANKERT
NO. 74 REAHBEIDL
NO. 75 SCHRATZN
NO. 76 HUNDSGRIPPE

09
ROHDIAMANTEN MIT 0 KARAT

NO. 77 RUACH
NO. 78 HAMBBARA
NO. 79 HOGLBUACHANA
NO. 80 GLOIFFE

10
DIE AUSSERBAYRISCHEN LANDEN!

NO. 81 SCHLUCHTENSCHEISSER
NO. 82 SAUPREISS, KINÄSISCHA!
NO. 83 KATZLMACHA
NO. 84 BOANDLKRAMA
NO. 85 GSCHWERL

11
LIEBE INKL. NEBENWIRKUNGEN

NO. 86 OHABIGA
NO. 87 TSCHAMSDARA
NO. 88 GSCHPUSI
NO. 89 FLIETSCHERL
NO. 90 LUADA

12
MIT MILDER SCHÄRFE GEWÜRZT

NO. 91 DEPPNHAUFA
NO. 92 HANSWURSCHT
NO. 93 TREIBAUF
NO. 94 KASCHPERLKOPF
NO. 95 SCHMARRNBRUADA
NO. 96 SPRICHFOTZN
NO. 97 SCHMARRNKIWE
NO. 98 KRACHADA
NO. 99 WATSCHNBAAM

13
NICHT NUR LANG, SONDERN AUCH WEILIG

NO. 100 GRANTLHUABA
NO. 101 GSCHDINGADA
NO. 102 ZWIDAWUAZN
NO. 103 LOAMSIADA
NO. 104 FAADE NOCKA

JO GLAUBST DES!

Sprachforscher haben herausgefunden, dass mehr Menschen außerhalb Bayerns diese aussterbende Sprache namens Bairisch sprechen, als in Bayern selbst. Die meisten leben – **ja Kruzefix spinnan de jetzat komplett?** – in der benachbarten Alpenrepublik. Denn was viele Altbayern für österreichische Dialekte halten, ist in Wirklichkeit **Ostmittlboarisch, Südmittlboarisch und Südboarisch.**

Bairisch kommt in den besten Kreisen vor. Deshalb haben wir zum Üben und Nachsprechen Kreise mit passenden Vokabeln in die Bilder eingebaut. Sobald sie geschmeidig über die Lippen gehen, werden sie zwanglos ins nächste Gespräch eingebaut.

Mit Verlaub, Herr Bankdirektor,
se san a Breznsoiza!

01

NICHT SCHÖN, ABER ECHT

Erstens:

In keiner anderen Sprache gibt es dermaßen viele gemeine, abfällige und verletzende Bemerkungen über kleine und größere körperliche Mängel wie im Bairischen. Wer sich also mit der Pflege und Instandhaltung seiner Optik nicht zsammreisst (Mühe gibt), bekommt ganz schnell dass passende oder auch unpassende Attribut schmerzhaft um die Ohren gehauen. Womit sich ganz von selbst ein unstillbarer Drang zur eigenen Perfektionierung ergibt.
Wie animiert man bayrische Mädchen schon früh zur Mundhygiene?
„Butz da de Zänd, sonst wiasst nia a Misswöald!"
(Putz dir die Zähne, sonst wirst du niemals eine Miss World.)

NO. 01
Kaasloawe

NO. 02
Oide Fischhaud

NO. 03
Wammerl

NO. 04
Schoaßdromme

NO. 05
Krischperl

NO. 06
Blattada

NO. 07
Scheibn

NO. 08
Kerndlgfuadada

NO. 09
Schoasblodan

NO. 10
Gwambada Uhu

NO. 11
Dirra Heita

NO. 12
Greisliga Pfuideife

NO. 13
Krapfa

NO. 14
Grachal

NO. 01

NICHT SCHÖN,
ABER ECHT

Kaasloawe

NO. 01

Schwach ausgeprägte Pigmentierung führt zu einem Kaasloawe-Dasein. Riecht man ein Kaasloawe schon meilenweit im Voraus, so liegt das möglicherweise an dessen **Kaashaxn**. Beides kommt des Öfteren in Zeitungsredaktionen vor, dann spricht man von einem **Kaasbladl**. Ist weder das eine noch das andere der Fall, steht man wahrscheinlich im Tölzer Kaasladl und bewundert einen **Loab Kaas**. Einen Käselaib, also.

NO. 02

NICHT SCHÖN,
ABER ECHT

Oide Fischhaud

NO. 02

Griaß di, oide Fischhaud! Eine herzlichere Begrüßung lässt sich kaum finden. Wer so empfangen wird, gehört eindeutig zum engsten Freundeskreis. Unter Männern, versteht sich. Man kennt sich gut und lange, kann sich gut riechen, aus welcher Region dieser spezifische Geruch auch immer stammen mag. Wenn jedoch eine Dame mit **Hawediehre, oide Fischhaud!** begrüßt wird, ist sie zu Recht beleidigt. Wer will schon als **fischlad** gelten, also als – sagen wir es mal zurückhaltend – ungewaschen?

Auf der Festwiesentoilette belauscht:
„Ui, heit fischld des Bier aber brutal!"

NICHT SCHÖN,
ABER ECHT

Wammerl

NO. 03

Wer beim Metzger ein Wammerl bestellt, der bekommt auch eines. Zunächst einen Bauch vom Schwein. Leicht geräuchert, schön mit Fett durchzogen. Das muss man natürlich alles mitessen, bloß nicht das Fett wegschneiden, da ist ja der ganze Geschmack drin! Beim Lardo, dem italienischen Edelfettspeck, ist konsequenterweise gar nichts Rotes mehr dran, nur noch Fett. **Für den, der's mog, des Höchste!** Leider hat der Speck die merkwürdige Eigenschaft des automatischen Besitzerwechsels. Von der Unterseite der Sau rutscht er nahtlos rüber auf die Vorderseite seines neuen Besitzers. Und dort behält er der Einfachheit halber auch gleich seinen Namen: Wammerl. Obwohl man natürlich auch **Wamperl, Hendlfriedhof, Knedlzentrale** oder **Knacker** zu einem gepflegten Ranzen sagen darf.

Merke:
Madln kriagn Kinder, Mannda kriagn Wammerl.

NO. 04

NO. 04

NO. 04

ZEFIX!
LIABLINGSBUIDLN

Schoaßdromme

wer?
DA LUDWIG UND DA EMIL

wo?
IN RIEDERN BEI MOOSRAIN (MOOSROA)
VOR GMUND AM TEGERNSEE

NO. 04

NICHT SCHÖN,
ABER ECHT

Ein wirklich böses Wort für ein wirklich böses Weib. Sollte wirklich nur als allerletztes Mittel eingesetzt werden. In zerrütteten bayrischen Ehen gilt „oide Schoaßdromme" als finaler Rettungsschuss. Damit ballert man sich den Weg frei in Richtung Scheidung. A Schoaßdromme kann aber auch ein Mann sein. Sofern er unter unkontrollierten Darmwinden leidet, die man im Fachjargon wiederum Koffer nennt.

Übungslektion:
„Wos fiar a Sau hodn do an Koffa steh lossn?"
„Da Lois, de oide Schoaßdromme!"

NO. 05

NICHT SCHÖN,
ABER ECHT

Krischperl

NO. 05

Es gibt Menschen, die leben fünfzig Jahre lang cholesterinoptimiert, essen das Hendl ohne Knusperhaut, trinken Bier ohne Alkohol, treiben Sport ohne Ende und sind das, was man als Außerbayrischer gemeinhin topfit nennt. Schließlich reisen sie von, sagen wir mal, Castrop-Rauxel nach Bayern, um hier ihren Urlaub oder, schlimmer noch, Lebensabend zu verbringen. Leider müssen sie sich in den Wirtshäusern sodann Folgendes anhören: „**Des arme Krischperl! Gebts eam doch an Knedl!**" Geschockt kippt der so **Dableckte** seine Maß Mineralwasser hinunter, nur um danach auf der Toilette zu hören: „**Schaug da des zaundürre Krischperl o, dees schifft ja net, dees zinselt bloß no!**", was wohl die dürrste Form des Schlankheitswahns darstellt. An den Stadträndern um München werden seit Jahren auch weibliche Exemplare gesichtet, sogenannte **Botox-Krischperl**. Spontane Reaktion eines männlichen Bayern bei ihrer Annäherung: Flucht.

Übungslektion:
„**Des Krischperl is so dürr,
dass da Tod a Specksau geng eam is!**"

NO. 06

NICHT SCHÖN,
ABER ECHT

Blattada

NO. 06

Seit das Toupet aus der Mode gekommen ist, geht der am Kopf spärlich Bewachsene lieber **blattad**. Dagegen wäre nichts zu sagen, wenn er nicht gleichzeitig auch noch **barkopfad**, also ohne Kopfbedeckung, unterwegs wäre. Das ist wirklich ungehörig. Wenn der Mann schon keine Haare hat, gehört, sobald er aus dem Haus geht, zumindest ein Hut oben auf ihn drauf. Aber da hält sich heute ja keiner mehr dran. Blanke **Blattn** unter weißblauem Himmel, wohin man schaut. Man wäre dankbar für einen Schädl voller **Zodan**, also ungepflegter langer Haare. Oder für eine Haarwurzelspende. Aber so weit ist es mit der Nächstenliebe in Bayern nicht her, dass die, die haben, denen, die brauchen, was abgeben würden.

Beliebter Brauch bei Schnupftabakliebhabern:
„Kimm, heit schnupfma an Schmaizla vom Martin seina Blattn!"

NICHT SCHÖN,
ABER ECHT

Scheibn

NO. 07

Lange bevor es Fitnessstudios gab und Montagabendjoggingrunden, lange bevor das Bauch-Beine-Po-Programm erfunden und die Ananas-Diät erdacht war, ließ sich die Schönheit von Frauen noch nicht in Zahlen ausdrücken. Heute beziffert man sie einfach mit dem Body-Mass-Index. Wer wenig **Wurscht** isst (es heißt übrigens **Wurschtradln**, nicht **Wurschtscheibn**), der hat einen niedrigeren BMI, wer mehr isst, einen höheren. Bei einem BMI von 40 spricht der Fachmann von Adipositas Grad II.

Und was sagt der Altbayer dazu?
Der sagt: **„Des Sopherl hod aber a sauwane Scheibn"**
(gesprochen: Scheim).
Einen ausgewachsenen Hintern halt.

NO. 08

NICHT SCHÖN,
ABER ECHT

Kerndlgfuadada

NO. 08

Der tägliche Schweinsbraten hat neben unbestreitbaren Vorzügen (knusprige Kruste) auch ein paar Nachteile: Man schaut bei Überdosierung bald selber aus wie ein Wuzifackerl: rundes **Wamperl**, weiche **Backerl**, kleine **Schweinsäugerl** – wie aus dem Fotoalbum der Fleischerinnung von 1959. Das Schönheitsideal geht heutzutage aber eher in Richtung **Steckerlhaxen, Sixpäck** und **Spatznwadln**. Da lässt sich mit rosigen Wirtschaftswunder-Attributen kaum noch punkten. Morgens Haferflocken, mittags Vollkornbrot und Rohkost und abends Milch-Getreide-Brei, so lautet die Gegenformel. Und natürlich 80 Kilometer Joggen pro Woche. Zum Lohn für die Mühe sieht man dann aus wie ein Kerndlgfuadada, also ein mit Körnern Gefütterter. „**Mei, du schaugst ja aus wia's Leidn Christi, kriagst nix zum Essen dahoam?**"

Obacht:
dünn wia d'Sau heißt nicht, dass man vollschlank ist,
sondern voll schlank!

NO. 09

NICHT SCHÖN,
ABER ECHT

Schoasblodan

NO. 09

Verirrte Darmwinde haben die zuverlässige Eigenschaft, in kleinen unsichtbaren Blasen (Blodan) ihren Besitzer zu begleiten wie ein treues **Zamperl** (bodennahes bayrisches Haustier). Folgerichtig werden unangenehme Verfolger z.b. so tituliert: **„Die Resi hängt an mir wiar a Schoasblodan, de oide Brunzkache."**

In diesem Zusammenhang wichtig:
Der Welttoilettentag wird laut Welttoilettenorganisation jedes Jahr am 19. November gefeiert.

NO. 10

NO. 10

NO. 10

ZEFIX!
LIABLINGSBUIDLN

Gwambada Uhu

wer?
DA THOMAS, DER ABER EIGENTLICH
NIDUS HOASST

wo?
IN HINTERRISS BEI DER ENG
(ENG? – DEN SCHERZ SCHENK MA UNS)

NO. 10

NICHT SCHÖN,
ABER ECHT

In Bayern gibt es allerlei zärtliche Ausdrücke für eine jahrelang optimierte Leibesfülle. Zwei der liebevollsten sind **Knedlfriedhof** und **Wamperl**. Ein gscheits Wamperl lässt sich problemlos mit Hilfe des **Rammerls** herstellen, so nennt man die knusprige Schwarte des Wammerls. Beide zählen zu den wichtigsten Werkzeugen, um einen Knedlfriedhof geduldig zu pflegen. Wenn dann allerdings der stolze Besitzer als Gwambada Uhu bezeichnet wird, ist es mit der Geduld vorbei.

„**Dann foit da Watschnbaam
oba glei um.**"

NO. 11

NICHT SCHÖN,
ABER ECHT

Dirra Heita

NO. 11

Ein Häuter ist ein dermaßen abgemagertes Pferd, dass sogar der Salamimetzger den Bolzenschussapparat vor Mitleid sinken lässt. Da ist ja gar nichts dran, außer Haut und Knochen. Keine Rede von **rund und xund.** Geht's noch dünner? Aber immer. Sonst müsste man beim dirren Heita ja nicht extra betonen, dass er dürr ist. Er ist ein Klappergestell von einem Mann, seine Beine sind **Spoachan,** zwischen denen der Wind sein schauriges Lied pfeift. Und was sagt der dirre Heita selbst zu seinem Zustand? **Hob an supa Bodymassindex!** Dieses Schönheitsideal bringt ihn dazu, dass er sich ständig an **Heigeign** heranmacht, um mit ihnen dann ein **hupferts Wasser** zu trinken. Und damit meint er keinen Schampus …

> **„Da Lois, der zaundirre Heita, muaß aufpassn, dass a ned im Kanalgitter steckableibt."**

NO. 12

NICHT SCHÖN,
ABER ECHT

Greisliga Pfuideife

NO. 12

Für die männliche Landjugend oder auch die männlichen **Isarpreißn** (also Münchener) gibt es kaum etwas Schöneres, als zu Dreikönig den Perchtl zu geben oder am Nikolaustag als **Grambbal** (Krampus) herumzuziehen. Es geht ihnen dabei weniger um die respektvoll geweiteten Kinderaugen als vielmehr um die jungen Damen, die man sich bei diesen Anlässen ungezwungen über die Schulter werfen darf. Während man ihnen mit Weidenruten droht und unter Kettenrasseln ihre Sünden und Verfehlungen vorhält, stoßen sie spitze Schreie aus, strampeln mit den Beinen und versuchen, dem Kerl die Maske herunterzureißen. Herrlich!
Oh, die Nase ist echt, das ist gar keine Verkleidung?
„Du greisliga Pfuideife, du!"

NO. 13

NICHT SCHÖN,
ABER ECHT

Krapfa

NO. 13

Außen braun, innen gelb und weich – klingt wie ein alter Nazi? Ach was, das ist nur eine **Kirtanudl**, ein frischer Krapfen. Was wäre der Fasching ohne ihn? Genau: gar nix. Anders verhält es sich dagegen mit einem alten Krapfen. Ohne ihn geht es durchaus. Und das gilt sowohl für das altbackene Schmalzgebäck (außen hart, innen zäh) als auch für das gleichnamige Frauenzimmer (außen speckig, innen dreckig). Deren Interesse an Männern ist oft direkt proportional zu ihrer Leibesfülle und stößt selten auf Gegenliebe.

„**Wer is'n der Krapfa da an der Bar mit'n Schampus?**" –
„**Des is d'Schagglien, d'Frau vom Bankdirekta!**" –
„**So, hat er wieder an Bonus kriagt?**"

NO. 14

NICHT SCHÖN,
ABER ECHT

Grachal

NO. 14

Ein Grachal macht keinen Krach, ein Grachal ist eine Limonade. Nichts Schlimmes, also. Und schon gar keine schlimme Beschimpfung. Wenn man aber im Wirtshaus sitzt, in der Starkbierzeit vielleicht, jeder vor sich einen Steinkrug mit Maximator oder Triumphator oder Terminator, und dann sagt man zu jemandem verächtlich **„du schpintigs Grachal!"**, dann lässt sich die ganze Wucht dieser Beleidigung erahnen. Im Vergleich zu echten Mannsbildern ist der so gescholtene nämlich eine glatte Nullnummer.

02

DAS UNBESCHREIBLICH WEIBLICHE

ZWEITENS:

Als 1972 die erste Ausgabe des Männermagazins Playboy erscheinen sollte, war klar, dass die Redaktion nicht im zugeknöpften Norden, sondern nur im damals schon recht enthemmten München ihr Lager aufschlagen konnte. Obwohl sich die Bayern alle Mühe gaben (und auch heute noch geben), die eingeborenen Damen mit allerlei unfeinen und - gehobelten Ausdrücken zu überziehen, haben die es sich nämlich nicht nehmen lassen, zu wahren Schönheiten heranzureifen. Eigentlich erstaunlich, dass es im Bairischen so wenige Komplimente gibt. Und umso mehr Beschimpfungen. Das liegt wohl am wichtigsten bayrischen Motivationssatz: „Ned gschimpft is globt gnua." (Nicht geschimpft ist genug gelobt.)

NO. 15
BEISSZANG

NO. 16
MISTVIECH

NO. 17
KRAMPFHENNA

NO. 18
SACK VOI HIRSCHGWEIH

NO. 19
RADSCHKATL

NO. 20
SCHIXN

NO. 21
GSCHNAPPIGE GREDL

NO. 22
BIXLMADAM

NO. 23
OIDE SCHÄSN

NO. 24
GIFTNUDL

NO. 15

DAS UNBESCHREIBLICH
WEIBLICHE

BEISSZANG

NO. 15

Das einzige Werkzeug, mit dem eine weibliche Person, die den Kampftitel Beißzang führt, umzugehen weiß, ist das Mundwerkzeug. Es ist so scharf geschliffen, dass sie damit jedem Mann was abschneiden kann, vornehmlich die Schneid, wenn nicht sogar Schlimmeres. Weiche Knie sind da die kleinste Gefahr. **„Bei da Annamirl, der oidn Beißzang, hob i ganz scheene Kniaschwammerl ghabt."**

Das Bissige wird als bayrischer Gendefekt
von Generation zu Generation weitergegeben:
Zang – die Tochter.
Zang Zang – die Mutter.
Beißzang – die Schwiegermuttter.

NO. 16

DAS UNBESCHREIBLICH
WEIBLICHE

MISTVIECH

NO. 16

Während herkömmliches Viechzeug immer sowohl männliche als auch weibliche Viecher hervorbringt, gelingt es der Spezies Mistviech, sich zu vermehren, obwohl seine Population ausschließlich aus weiblichen Exemplaren besteht. Ihre hervorstechenden Charaktermerkmale sind: Hinterlist und Gemeinheit, oftmals gepaart mit einer **dantschigen**, also adretten äußerlichen Erscheinung. Dem Eindruck, dass ein Misthaufen nun ausschließlich von weiblichem Personal bevölkert wird, muss jedoch entschieden widersprochen werden. Hier wohnen nämlich auch noch der **Misthund**, der **Mistfink**, einige **Mistbuam**, und nicht selten **a so a Misthamme, a so a gschdingada!**

NO. 17

NO. 17

NO. 17

ZEFIX!
LIABLINGSBUIDLN

KRAMPFHENNA

wer?
DIE REGINA

wo?
UNTERHALB VOM ECK
(EGG – EI – OAR - ALLES KLOAR, ODER?)
ZWISCHEN GMUND UND AGATHARIED

NO. 17

DAS UNBESCHREIBLICH
WEIBLICHE

Dieses Huhn ist einsam. Denn wenn es gackert, kommt ein **Krampf** heraus, also Unsinn. Unfug kann ja auch lustig sein, doch der Krampf, den die Krampfhenna absondert, ist einfach nur – ein Krampf. Folgerichtig ist es schwer für sie, im Dorf einen zu finden, der sich das längere Zeit anhören will. Mit modernen Partnersuchmaschinen sollte es aber durchaus möglich sein, auf den unendlichen Weiten der Internet-Misthaufen ihr Pendant zu finden: den **Krampfgockel**.

NO. 18

DAS UNBESCHREIBLICH
WEIBLICHE

SACK VOI HIRSCHGWEIH

NO. 18

Übermäßig gesunde Ernährung, das Weglassen von Schweinsbraten und die rasante Verbreitung von Damen-Fitnesscentern haben auch ihre Schattenseiten. Erstens werden beschauliche Waldspaziergänge heute zunehmend von joggenden Frauengruppen unterbrochen, die nicht nur laufen, sondern dabei auch radschen und lachen. Und zweitens nimmt mit steigendem Fitnessgrad der Fettgehalt des weiblichen Körpers ab, oftmals an strategisch unverzichtbaren Stellen. Wenn ein Dirndl, das vorher üppig gefüllt war, plötzlich nur noch aus Schlüssel- und anderen Beinen besteht, greift der Bayer zu einem drastischen Bild, um der Situation Herr zu werden: **„De is ja nur no a Sack voi Hirschgweih. Zu dea muass se scho a arg Bremsiger volaffa."**

NO. 19

DAS UNBESCHREIBLICH
WEIBLICHE

RADSCHKATL

NO. 19

In Bayern klatscht man nicht, man radschd. Und zwar ausgiebig. Diese dem weiblichen Geschlecht vorbehaltene Art der Unterhaltung gehorcht drei wesentlichen Grundregeln: 1) Geheimnisse sind dazu da, weitererzählt zu werden. 2) Der Wahrheitsgehalt ist weniger wichtig als der Unterhaltungswert. 3) Je unschöner, umso schöner. Eine Radschkatl ist deshalb das ideale Instrument für eine Rufmord-Kampagne. Besser als jede Boulevardzeitung versteht sie es, den „Irgendwas-wird-schon-dransein"-Gehalt jedes Gerüchts in eine Tatsache zu verwandeln. Und auch wenn die Katl als Koseform von Katharina eine gewisse Liebenswürdigkeit vortäuscht, sollte man sich vor ihr in Acht nehmen. Das Einzige, was gegen sie hilft, ist eine konsequente Nachrichtensperre: **„Der Mamm verzähl i nix mehr, der Radschkatl, der radschadn!"**

NO. 20

DAS UNBESCHREIBLICH
WEIBLICHE

SCHIXN

NO. 20

An der Schixn lässt sich gut erkennen, wie sehr das Bairische die Weltsprachen geformt hat. Lange bevor es schick war, „chic" zu sagen, gab es hierzulande bereits jede Menge Schixn, wobei selbige weniger durch dezente französische Eleganz als durch etwas zu durchsichtige Sexualreize zu überzeugen wussten. Schixn besitzen meist eine reiche Auswahl an **Duddngschirr**, gelegentlich auch **Knödelheber** genannt (Abkürzung nicht DH oder KH, sondern BH).

More international Bairisch:
Waging, erstmals erwähnt um 740, wird in manchen Gegenden Bayerns wie Vogueing ausgesprochen, einem von Madonna propagierten Tanzstil, erstmals erwähnt um 1990.

NO. 21

DAS UNBESCHREIBLICH
WEIBLICHE

GSCHNAPPIGE GREDL

NO. 21

Eigentlich ist die Gredl (die Margarethe) eine begriffsstutzige Frau, vor der man sich nun wirklich nicht in Acht nehmen muss. Bei einer Gschnappigen ist das jedoch etwas ganz anderes. Denn diese ständig von der Schnappatmung bedrohte, äußerst **schnippische** und freche Person ist weder geistig langsam noch sonstwie **dappig**. Nun kann man natürlich angesichts solcher Gegensätze die berechtigte Frage stellen: Gibt es sie überhaupt, die gschnappige Gredl? Um das herauszufinden, sollten Sie als Mann beim Waldfest einfach mal eine ansprechen: „Ich möcht gern mit dir tanzen." Wenn es eine gschnappige Gredl ist, antwortet sie vielleicht darauf: **„Wer? Du Krischpal?"**

NO. 22

an haufa Schnee

NO. 22

NO. 22

ZEFIX!
LIABLINGSBUIDLN

BIXLMADAM

wer?
DIE ANGI

wo?
WOS SONST NED SO LUSTIG IST
(WILDBAD KREUTH)

NO. 22

DAS UNBESCHREIBLICH
WEIBLICHE

Eine Dame von der Heilsarmee, die mit der scheppernden Blechbüchse auf Spendenfang geht, heißt nicht Bixlmadam, sondern Himmelszicke. Wir lernen daraus: Eine Bixlmadam erkennt man nicht an der Blechbixn. Eher sind es ihr gestelztes Getue und die zur Schau gestellten Zeichen eines (nicht vorhandenen) Wohlstandes, mit dem sie auffällt. Sie geht eben nicht mit der Blechdose sammeln, sondern versucht, ihre finanzielle Unterwasserlage durch arrogantes Auftreten zu überspielen. Eine Bixlmadam ist in ihrer Jugend oft auf einen **Sprichbaidl** hereingefallen, und deswegen läuft sie im Alter oft **oaschbannig** (einspännig, solo) durch die Welt.

De Inge hod se heit wieda aufbrezld, de Bixlmadam, de hochnasade.
Nicht verwechseln mit der Dame, die am Computer Grafikprogramme beherrscht. Die heißt Pixlmadam.

NO. 23

DAS UNBESCHREIBLICH
WEIBLICHE

OIDE SCHÄSN

NO. 23

Oide Schäsn sind im Land, in dem die Autobahn erfunden wurde, Mangelware. **Neiche Schlampenschlepper**, wohin man schaut. Man muss schon ganz weit abseits von der A8 suchen, um fündig zu werden. Oft lagern die Schätze auf abgelegenen Almen. Ein Einser-Golf, ohne Zulassung, der seinen Lebensabend nicht in einer benzingetränkten Schrauberhöhle verbringen darf, sondern zwischen Enzian und Kuhfladen. Zum Dank dafür, dass er die Sennerin immer wieder runter in die Zivilisation und zurück bringt, bekommt er bei einem Kolbenreiber eine Spezialbehandlung: Inhalt der **Muichkanna** über den heißen Motor kippen und mit dem Hammer auf den Zylinder hauen – dann läuft er wieder ein Jahr.

Oide Schäsn kann man aber auch eine **schiache**, übermäßig aufgetakelte ältere Frau nennen. Wenn es unbedingt sein muss.

NO. 24

DAS UNBESCHREIBLICH
WEIBLICHE

GIFTNUDL

NO. 24

Diese Beschimpfung vermischt Bösartigkeit mit altbayrischer Nachsichtigkeit. Würde man eine Giftnudl wirklich hassen, würde man sie eine **Giftspritzn** nennen, und mit so einer mag nun wirklich niemand etwas zu tun haben. Bei einer **Nudl** ist das etwas anderes. Sie hat zwischen ihren giftigen Minuten immer auch ein paar **zeame** Stunden zu bieten.

Übrigens:
Giftnudl kann man auch zu einer Zigarette sagen:
**„Kimm, rauch ma no a Giftnudl,
is eh scho wurscht."**

03

DER MANN, DIE SCHAUMKRONE DER SCHÖPFUNG

Drittens:

Sollte hier der Eindruck entstanden sein, dass in Bayern nur weibliche Wesen das Ziel von Hohn und Spott sind, so werden die kommenden Seiten das Gegenteil beweisen. Neun Zehntel der in diesem Buch versammelten Kraftausdrücke zielen auf den Mann. Die später kommenden Kapitel versuchen nur eines: die vielen Möglichkeiten, der Krone der Schöpfung einen Zacken aus derselben zu reißen, in halbwegs zielgerichtete Bahnen zu lenken. Was dabei übrig geblieben ist und sich einer genaueren Einteilung entzieht, finden Sie im folgenden Kapitel. Die Angeber, die Zuhälter, die Ferkel, die Missgünstigen. Das ganz normale Personal eines Stammtisches also.

NO. 25
Grosskopfada

NO. 26
Wadlbeissa

NO. 27
Dreckhamme

NO. 28
Schnointreiba

NO. 29
Rennsemme

NO. 30
Ramme

NO. 31
Oachebea

NO. 25

DER MANN, DIE SCHAUMKRONE
DER SCHÖPFUNG

Grosskopfada

NO. 25

Ein Mensch, der ständig nur geschwollenes, pseudogescheites Gequatsche absondert, kann einen geschwollenen Schädel besitzen, muss aber nicht. Man betrachte nur die kleinen Hutgrößen mancher Politiker. Übelste Kombination: **Großkopfade Gschwoischedl.** Bei ihnen paart sich eine angeborene **Gschaftlhuabarei** mit anerworbener **Obergscheitheit.** Optimaler Mittagsmenüvorschlag für diese Spezies: **Gschwoine** (Wollwürste)

NO. 26

NO. 26

NO. 26

ZEFIX!
LIABLINGSBUIDLN

Wadlbeissa

wer?
DA MARINI, DER EIGENTLICH MARINUS HOASST
UND SEI BRUADER DA QUIRIN,
SEITDEM AUCH DER BEISSER GENANNT

wo?
WOIDFESTPLATZ
VON DE HIRSCHBERGLER IN KREUTH

NO. 26

DER MANN, DIE SCHAUMKRONE
DER SCHÖPFUNG

Ein bissiges Hundsviech, das aufgrund seiner zu kurz geratenen Haxn Waden attackiert, nennt man Wadlbeissa. Ein bissiges Exemplar mit zwei Haxn, das aufgrund seiner zu kurz geratenen Möglichkeiten große Gegner attackiert, nennt man ebenfalls so. Wadlbeissa lassen sich oft auf der politischen Bühne beobachten, und hier auffallend oft im Zweikampf zwischen CSU und CDU. Das unerreichte Leittier aller politischen Wadlbeissa war Franz Josef Strauß. Gegen den Biss seiner Kommentare sind heutige Wadlbeissa nur kleine Kläffer.

Kurzzeitig bekommt man so einen folgendermaßen ruhiggestellt:
„Gebts dem Wadlbeissa doch an Hefa Wasser!"

NO. 27

DER MANN, DIE SCHAUMKRONE
DER SCHÖPFUNG

Dreckhamme

NO. 27

Der Dreck, den der Träger dieses Unehrentitels an sich hat, ist weniger äußerlich, als man meinen möchte. Ein Dreckhamme ist vielmehr innen völlig verludert, und weil er ständig Schweinisches redet, denkt und tut, könnte man ihn der Einfachheit auch a Drecksau nennen. Überhaupt ist die Vorsilbe Dreck- dem Bairischen ziemlich nützlich. Im Handumdrehen lassen sich damit die harmlosesten Wesen in einen **Dreckbär, Dreckspatz** oder **Dreckhund** verwandeln. Und was antwortet ein so **Gescholtener?** Zum Beispiel: **„Besser a Dreckhamme als a so a dreckfada Loamsiada wia du!"**

Übungslektion:
Wenn Sie einen Spezl im Rotlichtviertel treffen,
begrüßen Sie ihn doch einfach mal mit einem herzerfrischenden:
„Du Dreckhamme, du gopfareckta!"

NO. 28

DER MANN, DIE SCHAUMKRONE
DER SCHÖPFUNG

Schnointreiba

NO. 28

Die **Schnallen**, die dieser Herr vor sich hertreibt, sind meist **Schixn**, die konsequent dem Pfad der Tugend abgeschworen haben. Schnoin suchen sich meistens oide **Manschgal** und **sackln** sie ordentlich aus, wovon allerdings nur der Schnointreiba was hat. Der kauft sich damit nämlich einen dicken **Schlampnschlepper**. Das praktizieren die Schnoin so lange, bis sie oide Schnoin sind, also **Scherm**.

Grabsteininschrift:
So a verpfuschts Lebm, so a vermaledeits!

NO. 29

DER MANN, DIE SCHAUMKRONE
DER SCHÖPFUNG

Rennsemme

NO. 29

Diese Semmeln kommen nicht aus der Bäckerei um die Ecke, sondern von der Automobilausstellung in Frankfurt. Dort wurden bereits in den 90ern des letzten Jahrtausends jene 3er-BMWs gezeigt, die jetzt zu richtig schönen **Rennsemmen** veredelt werden: Je **diafa und broada**, desto brumm! Der Karosseriespengler-Nachwuchs führt damit jedes Wochenende vor der Disco seine Driftkünste vor, um ab Montag die Beulen wieder sorgfältig herauszuklopfen. Und weil's so **schee schnäi** is, wird die Ehrenbezeichnung Rennsemme mittlerweile für alles eingesetzt, was sich fortbewegt. Vom Bobbycar bis zum Papamobil.

„**Der geht zwoahundatzwanzge, ohne Wind und Schnoin. – Dass di nur ned dabräsld!**"

NO. 30

DER MANN, DIE SCHAUMKRONE
DER SCHÖPFUNG

NO. 30

Tritt meist im Duett mit der Verstärkung **„gscheada"** auf die Bühne einer Wirtshausschlägerei. Ein **„gscheada Ramme"** ist ein ungehobelter, unangenehmer Mensch, dem es möglicherweise auch an Nasenhygiene mangelt. Denn das Nasenschleimhautnebenprodukt, auch als Rotz bekannt, heißt in angetrocknetem Zustand ebenfalls Ramme. Beim einen hilft ein Taschentuch, beim anderen nur eine **Watschn**.

NO. 31

DER MANN, DIE SCHAUMKRONE
DER SCHÖPFUNG

Oachebea

NO. 31

Die Spezies des Oachebean ist ausschließlich in Bayern heimisch. Ganz selten wandert der Eichelbär nach Norddeutschland aus, dort wechselt er seinen Namen und verwandelt sich in einen Stinkebär. Seinen charakteristischen Duft, den er in der warmen Jahreszeit durch hygienische Ignoranz erzeugt (**dea stinkt wia a Oachebea**), behält er aber. Zoologisch betrachtet ist er eher Wildsau als Bär, mit einer Vorliebe für bodennahe Ernährung. Der Keiler wühlt sich zur Lunch-Time so lange durch den Wald, bis er als Ganzes verschmiert, dreckig und stinkend ist, auf gut bayrisch also: **obazzd, dreggad, stingad.** Und genau so sieht auch ein menschlicher Oachebea aus: optisch ein **Saubea** und für die Nasen seiner Umgebung ein echter Problembär.
Do geh her, Oachebea!

04

GEISTIGE SPÄTAUFSTEHER

Viertens:

Es wird ja von Wissenschaftlern gern behauptet, dass ungezügelter Alkoholkonsum und übermäßige Intelligenz nicht unbedingt Hand in Hand gehen. Bayern beweist das Gegenteil: Als Bundesland mit einem legendären Bierkonsum und den meisten Patentanmeldungen Deutschlands. Aber natürlich gibt es auch hierzulande nicht nur Lederhosen-Einsteine. Sondern auch Gestalten, die sich wirklich das Hirn rausgsoffn haben. Und ihre Gegenstücke: die intellektuell voll Ausgestatteten, die trotzdem deppert sind. Für all diese Zeitgenossen finden sich im Bairischen eine große Fülle an Fachausdrücken, von denen wir hier nur einen kleinen Ausschnitt vorstellen können.

NO. 32
Haumdaucha

NO. 36
Breznsoiza

NO. 40
Kriaglwascha

NO. 33
Hirndibi

NO. 37
Kletznbeni

NO. 41
Lalli

NO. 34
Himbeerdoni

NO. 38
Bauernfümfa

NO. 42
Dridschla

NO. 35
Draamhappada

NO. 39
Am Depp sei Hacklstecka

NO. 43
Graxndraga

NO. 32

GEISTIGE
SPÄTAUFSTEHER

Haumdaucha

NO. 32

Dieser Vogel taucht neuerdings auf Fußballfeldern auf, trägt Schwarz, hat eine Trillerpfeife im Mund und verteilt rote und gelbe Karten. Als Haumdaucha wurden früher Leute bezeichnet, die durch Unbeholfenheit bestachen, also **dotschert** waren. Heute wird der Begriff überwiegend zur Beleidigung von Schiedsrichtern und anderen Fehlinformierten eingesetzt. Lange von der Ausrottung bedroht, erfreut der Haubentaucher sich nun vor allem in Franken bester Gesundheit. Die Anhänger des 1. FC Nürnberg haben sich besondere Verdienste um seine Vermehrung erworben.

NO. 33

GEISTIGE
SPÄTAUFSTEHER

NO. 33

Dass es nicht immer ein Hohlraumdübel sein muss, den man im Dachgewölbe eines Hirndibi vermutet, beweist folgender Ausruf: **„A so a Hirndibi, i glaub, dem hams ins Hirn neigschissn!"** Ein Hirndibi (der Ausdruck wird übrigens im Tegernseer Tal gern zur Begrüßung von Touristen aus München verwendet) ist oft befreundet mit einem **Ledschnbeni**.

NO. 34

NO. 34

NO. 34

ZEFIX!
LIABLINGSBUIDLN

Himbeerdoni

wer?
DA EMIL, UND ER HOASST
IMMA NO SO.

wo?
TEGERNSEER BAHNHOF

NO. 34

GEISTIGE
SPÄTAUFSTEHER

„Sach ma, wollt ihr mich verscheißern?", ruft der bedauernswerte Außerbayrische empört im Wirtshaus. Er muss sich nicht wundern, dass es sofort still im Raum wird. **„Ui, jetzad wirds lustig!"**, denkt sich das ganze Wirtshaus und spitzt die Ohren. **„Wos moanst denn?"**, fragt langsam und listig der Bertl, der größte **Schmarrnkiwe** von allen. Nun räuspert sich der bedauernswerte Außerbayrische und muss sich auf ein Wortgefecht mit dem Bertl einlassen, das er **niaundnimma** gewinnen kann. Besser, er hätte gleich **„I bin do ned da Himbeerdoni!"** gerufen, dann wäre der Fall erledigt. Dann wüssten alle, den kann man weder **foppen** noch **pflanzen**, den **Saupreißn**.

NO. 35

GEISTIGE
SPÄTAUFSTEHER

Draamhappada

NO. 35

Verträumt und nicht ganz auf der Welt: ein Draamhappada ist ein echter Traumtyp. Er bekommt nur die Hälfte mit, und den Rest verschläft er auch noch. Und wenn er einmal wach ist, verwirrt er seine Umgebung durch rätselhafte Fragen wie: „**Wos, is scho Feieromd?**" (Ist schon Feierabend?) Er gibt zusammen mit einer Draamsusn ein gutes Scharnierl ab (ein wie geschmiert funktionierendes Ehepaar).

Übungslektion:
**„Do hadschda wieda, unsa Draamhappada.
Schlafdamisch, wia oiwei."**

GEISTIGE
SPÄTAUFSTEHER

Breznsoiza

NO. 36

Das geflochtene, braune Laugenbebäck, das außen **resch** und innen weich sein sollte, heißt nicht Brezel. Auch nicht Pretzel. Nur wer im Wirtshaus oder beim Bäcker eine **Brezn** bestellt, bekommt ohne Stirnrunzeln eine. Andernfalls besteht die Gefahr, für einen hirnlosen Menschen gehalten zu werden, also für einen Breznsoiza. Wobei sich für einen qualifizierten Breznsoiza in Bayern schöne berufliche Alternativen auftun: **Kriaglwascha, Loamsiada, Gnedlwascha, Buagamoasta** und viele andere.

Übungslektion:
„**I bin do ned am Gandhi sei Breznsoiza!**"
(Frei übersetzt: Danke für die Anfrage, aber du musst leider ohne meine Hilfe auskommen.)

NO. 37

GEISTIGE
SPÄTAUFSTEHER

Kletznbeni

NO. 37

Depp zu sagen ist ja so einfach. Zu einfach. Als Oberbegriff brauchbar, aber als sportliche Nahkampfwaffe ungenau und stumpf. Viel schärfer und treffender ist zum Beispiel der Kletznbeni (auch Gleznbeni). Die wortgetreue Übersetzung, Dörrbirnenbenedikt, klingt harmlos, doch wer sich überlegt, zu welchen Leistungen jemand mit eingetrockneter Birne im Stande ist, kommt schnell drauf, dass damit nur ein langweiliger Typ, ein körperlicher und geistiger Schwächling, also gar kein richtiges Mannsbild gemeint sein kann.

Übungslektion:
„Auweh, da kimmt da Kletznbeni mit seina Krampfhenna. Na, des wird fad."

NO. 38

NO. 38

ZEFIX!
LIABLINGSBUIDLN

Bauernfümfa

wer?
Von links nach rechts
DER FLÖZ, DER EIGENTLICH FLORI HOASST,
DA FLUMMY, DER MATTHIAS HOASST,
DEN ABER VIELE HIAS NENNEN,
DA GEOFFRY, DEN KOANER CHRISTIAN NENNT,
DA SEB, DER DEN SCHÖNEN NAMEN SEBASTIAN TRAGT
UND DA RAFFI, DER GRAD ZUM RAFAEL WIRD.

wo?
IM SAUKALTEN TEGERNSEE

NO. 38

GEISTIGE
SPÄTAUFSTEHER

Bauernfünfer, das war ursprünglich mal ein Ehrentitel. Nur die fünf edelsten Landwirte wurden ausgewählt, um als geschworene Rechtssprecher am Landgericht zu sitzen. Doch von der Ehrensache ist heute nicht mehr viel übrig. So wie es guter Christenbrauch war, haben sich die cleveren Agrarmanager genommen, was sie kriegen konnten, und der Wortbestandteil „Bauern-" wurde zur Universalbeschimpfungsformel für alles Dreiste, Dümmliche, Ungehobelte, Ungeschickte. **Bauernbiffe, Bauernschädel, Bauernschwengel** usw. sind das Ergebnis. Die Biobauernschaft bemüht sich nach Kräften, ihrem Berufsstand wieder ein wenig mehr Renommee einzuhauchen, erntet dafür aber nur ein **Griaß di, Kerndlfresser.**

Übungslektion:
Was antwortet eine junge Dame, die von
einem rotgesichtigen Landjugendlichen angestarrt wird?
**Wos schaugst'n so batzaugad,
Bauernfümfa, gschdingada!**

NO. 39

GEISTIGE
SPÄTAUFSTEHER

Am Depp
sei Hacklstecka

NO. 39

Deppert, eine vom fränkischen Ex-Bundesverteidigungsminister zu neuen Ehren gebrachte Vokabel, kommt in Bayern für viele Typen zum Einsatz. Für den **Deppen**, für den **Dorfdeppen**, den **Volldeppen**, den **Riesendeppen**, den **Oberdeppen**, den **Oberriesendeppen** und so weiter. Aber was entgegnet einer, den der Verdacht beschleicht, für einen von diesen gehalten zu werden? Am besten: „**I bin do ned am Depp sei Hacklstecka!**" Warum er nicht der Gehstock eines Deppen sein will? Depperte Frage!

NO. 40

GEISTIGE SPÄTAUFSTEHER

Kriaglwascha

NO. 40

Wer sein Helles aus der Flasche trinkt, der weiß nicht, wie ein Bier schmecka muaß. Breit muss es aus dem Glas raus- und in die Gurgel reinlaufen – nur so kann man damit alles Mögliche **nunda-** bzw. **aweschwoam**. (Preußen sagen dazu abi-schwo-a-ben.) Einer, der Bierkrüge und -gläser blitzblank wäscht, kann also nicht hoch genug geschätzt werden, trägt er doch Mitverantwortung für's bayrische Reinheitsgebot. Warum sein Berufsstand trotzdem als Sammelbegriff für die mindersten aller Tätigkeiten herhalten muss, bleibt rätselhaft, wie manches in Bayern. Dabei gäbe es doch schöne Alternativen, um einen Subtalentierten mit Spott zu überziehen: **Bolidigga** oder **Bankdirekta** zum Beispiel.

> **„Der Erwin, der tuat si so hart in der Schui,
> der wird am End no a Bolidigga!"**

NO. 41

GEISTIGE
SPÄTAUFSTEHER

NO. 41

Für einen ausgewachsenen Deppen ist Bayern ein herrlicher Ort. Wo sonst gibt es eine solche Auswahl an schönen Fachausdrücken für ihn? Schwierig wird es nur mit einem Einfaltspinsel, dem man gar nicht böse sein mag. Soll man ihn etwa verschonen und in Ruhe lassen? Auf gar keinen Fall – **wo samma denn?** Man sagt „**Mei du Lalli, loss guad sei!**" zu ihm. Ob der Ausdruck Lalli (gesprochen: Lale) vom Rausch kommt, der ihm schwer auf der Zunge liegt, von einem sonst wie benebelten Gehirn oder vom slowakischen Lalo (Dummkopf), bleibt ungeklärt. Und ist einem Lalli auch völlig **wurscht**.

NO. 42

GEISTIGE
SPÄTAUFSTEHER

Dridschla

NO. 42

Zu langsam, zu verträumt, zu umständlich – das sind die gängigsten Vorurteile, die man einem Dridschla entgegenbringt. Doch er kann auch seine positiven Seiten haben. Obwohl er des Bayerntums gänzlich unverdächtig ist, zählt man Per Mertesacker, den schlaksigen früheren Abwehrchef der deutschen Fußballelf, zu den Großmeistern des Dridschlns. Behäbig schlendert der lange Mann aus Hannover durch seine Verteidigungslinien, und nur hellseherischen Momenten ist es zu verdanken, dass er völlig unerwartet einen Fuß, ein Knie oder einen Kopf zwischen Ball und Tor bringt. Dieser höfliche, unhektische Mann lässt mit seinem seltsamen Tempo jede gegnerische Offensive verzweifeln. Ansonsten hat ein Dridschla natürlich nichts beim Fußball verloren. **„Wos, scho neinzg Minutn um? Wann war'n Halbzeit?"**

Herzliche Begrüßung eines Dridschlas:
„Dridschl do ned so rum, du Lahmoasch!"

NO. 43

GEISTIGE SPÄTAUFSTEHER

Graxndraga

NO. 43

Die Graxn oder Kraxn ist so etwas wie die Ladefläche eines Lastwagens, nur dass der Lastwagen, also der Graxndraga, zwei Beine statt vier Rädern hat und Wasser statt Diesel bekommt. Außerdem **kraxelt** er gerne irgendwo hinauf, vor allem auf Berge. Es geht nirgends ohne Graxndraga: Die Vorstandsassistenten, die Messdiener, die ewigen Gehilfen, die Beiwagerl, die Steigbügelhalter, die Wasserträger – sie sind überall zu finden. Besonders in der Politik. Hier werden die Graxndraga ausgebildet, um irgendwann selbst jemandem zur Last zu fallen. Die FDP ist dafür ein gutes Beispiel. Sie ist nicht nur voll von Gehilfen (der Finanzindustrie, der Pharmaindustrie, der Spielautomatenindustrie), sondern selbst ein einziger Gehilfe: als Dauer-Graxndraga der CDU. **Kim her, Röserl, gib ma a Mehrheit!** Eine Graxn ist übrigens nicht nur ein Tragegestell, sondern auch ein Fahrzeug im fortgeschrittenen Verwesungszustand. Bei der Fahrzeugkontrolle hört sich das so an:
„Hod de oide Graxn üwahaupz no an TÜV?"

05

CHARAKTERLICHE UNTEROPTIMIERUNG

Fünftens:

Die vertrauenserweckende Einfachheit einer alten Hirschlederhose kann leicht darüber hinwegtäuschen, dass ihr Träger oft ein ausgemachtes Schlitzohr ist. Überhaupt dient die Tracht immer häufiger als Maskerade, um dahinter die gerissensten Pläne zu verstecken. Das neue Mietshaus, das Luxushotel am See, das Möbelhaus auf der grünen Wiese, das wird hierzulande nicht im Brioni-Anzug, sondern im Janker eingefädelt. Und nur ganz selten wird mit so offenen Karten gespielt, wie es das Dekolleté der Dirndl-Assistentin verspricht. Natürlich kann man auch von einem Typen in Jeans und T-Shirt aufs Kreuz gelegt werden. Aber das tut meistens nicht so weh.

NO. 44
Gschaftlmacha

NO. 48
Hoibschariga

NO. 53
Zsammgsuffana

NO. 45
Heislschleicha

NO. 49
Rauschkugl

NO. 54
Gschroameier

NO. 46
Verkloghafal

NO. 50
Hintafotziga

NO. 55
Gifthafal

NO. 47
Hodalump

NO. 51
Odrahda

NO. 56
Nudldrugga

NO. 52
Dipferlscheisser

NO. 44

CHARAKTERLICHE
UNTEROPTIMIERUNG

Gschaftlmacha

NO. 44

Meist norddeutscher Herkunft, also a **Preiß**. Bayern sind weder **gschaftig** noch tun sie **gschaftln**, sie machen höchstens a guats Gschäft. Dem solchermaßen **bschissenen** Geschäftspartner bleibt danach nichts anderes übrig, als auf dem **Haisl** sein Gschäft zu machen. Hoffentlich ein besseres!

NO. 45

CHARAKTERLICHE
UNTEROPTIMIERUNG

Heislschleicha

NO. 45

Manche halten den Heislschleicha für einen Menschen, der sich geniert, wenn er mal muss, und deshalb aufs Heisl (Toilettenhäuschen, häufig aus Holz, mit rustikalem hygienischen Komfort) schleicht. Tatsächlich bezeichnet man als Heislschleicha aber jene schleimigen Partikel der Verwandtschaft, die sich mittels welker Blumensträuße und abgelaufener Pralinen die Häuser baldigst zu verbleichen planender Großtanten erschleichen. Treten oft gemeinsam mit dem **Heislschmusa** (Immobilienmakler) auf.

NO. 46

NO. 46

ZEFIX!
LIABLINGSBUIDLN

Verkloghafal

wer?
DA EMIL MIT SEIN SCHAF
UND DER KATJA,
DIE SONST DEUTLICH FESCHER IST

wo?
IN BAD WIESSEE BEI DEN MIECKES.

NO. 46

CHARAKTERLICHE
UNTEROPTIMIERUNG

In Niederbayern nennt man Leute, die ihre Mitmenschen gern verpfeifen, **Schiagankerl**. Sie drücken oft noch die Schulbank, heben die rechte Hand und sagen dann zum Beispiel: „**Frau Lehrarin, d'Anni liest untam Tisch d'Woog** (die Vogue)!" Wenn Schiagankerl heranwachsen, werden Verkloghafal (auch: **Britschhafal**) aus ihnen, also richtig große Petzen. Um ihrem Leben einen Sinn zu geben, wurde der Beruf der Politesse erfunden. Offiziell heißt das natürlich: zur Überwachung des ruhenden Verkehrs. Aber von Verkloghafal zu Verkloghafal klingt das ganz anders: „**Heit hob i wieda fünfafuchzg dawischt!**" Darauf die andere stolz: „**Geh weida! I hob siebzge dawuschn!**"

Nicht nur im paramilitärischen Bereich sind Verkloghafal zu finden, auch in friedlicheren Berufen gibt es Menschen, die gern die Verfehlungen anderer aufdecken: „**Sakradi, am Sundag hod mi da Pfarra gscheit hi'ghängt! Da hod der mi in da Predigt beim Schafkopfen dawischt!**"

NO. 47

CHARAKTERLICHE
UNTEROPTIMIERUNG

Hodalump

NO. 47

Immer dann, wenn ein einfaches „Lump" nicht ausreicht, bedient sich das Bairische einer pleonastischen Verstärkung. Dazu nehme man einen **Hadern**, also einen alten Lappen. Und einen Lumpen, also einen in alte Lappen gehüllten Taugenichts. Ergibt: Lumpenlump. Oder Lappenlapp. Da dies aber bei weitem nicht so schön abwertend klingt wie „du Hodalump, du dreckada!", hat man sich darauf geeinigt. Was übrigens nichts über die technische Beschaffenheit des Lappens aussagt. **„Do fliagt dea oide Hodalump mit seim neichn Hodanfliaga."** Hier testet also jemand seinen neuen Gleitschirm.

NO. 48

CHARAKTERLICHE
UNTEROPTIMIERUNG

Hoibschariga

NO. 48

Eine agrarische Fachvokabel, die der reinen Faulheit entspringt. Wenn der Knecht keine Lust hatte, die Pflugschar tief ins Feld zu drücken, sondern nur auf halber Tiefe ackerte, dann war er ein Hoibschariga. Da die Hydraulik hinter einem 600-PS-Traktor keine Faulheit kennt, ist das Hoibscharige heute vom Land in die Stadt gezogen. Dort lauert es in allen Dingen von suboptimaler Qualität.

Im Computer zum Beispiel:
„A so a saumäßiga Spamfilter, so a hoibschariga!"

NO. 49

CHARAKTERLICHE
UNTEROPTIMIERUNG

Rauschkugl

NO. 49

Ist die Rauschkugl ein Internetphänomen? Die Bayrisch-Standardwerke von Aman und Zehetner kennen nur den **Bierdimpfel** und den **Schnapsbruder,** aber nicht die Schwester der beiden, die Rauschkugl. Beim **Gugln** jedoch findet man mindestens 19.300 Rauschkugln, unter anderem ein *Myspace*-Profil gleichen Namens, eine Rauschkugl-Polka und viele Bilder von Menschen, die sich im Zustand verschiedenster Stufen des Alkoholabbaus fotografieren ließen. Dankenswerterweise. Dass das Internet süchtig machen kann, weiß man ja aus diversen Elends-Privatfernseh-Sendungen. Aber wie kann man davon so betrunken werden, dass man am Boden herumkuglt?

**„Alois, oide Rauschkugl, geh hoam,
mia sperrn zua!"**

NO. 50

CHARAKTERLICHE
UNTEROPTIMIERUNG

Hintafotziga

NO. 50

„**Megst a Fotzn?**" Auf diese Frage erglüht der sittsame Preiß in Röte, vermutet er doch einen Skandal um Rosi oder Schlimmeres. Dabei wird doch nur höflich angefragt, ob er eine Ohrfeige haben will oder nicht. Ähnlich irreführend ist „**Hoit d'Fotzn!**" Das ist zwar derb, aber nicht unanständig: Man wird doch noch um Ruhe bitten dürfen. Auch ein Hintafotziga hat nicht mit anatomischen Absonderlichkeiten zu kämpfen, sondern nur mit den Folgen seiner eigenen Gemeinheit. Hinterhältig ist so einer, verlogen und falsch. Weswegen man sich am besten fernhält von einem **soichern**. Oder ihm halt ein paar Fotzn für den weiteren Lebensweg mitgibt.

„**Mei Fotznspangla is a ganz a Hintafotziga!**"
(Mein Zahnarzt hat eine heimtückische Gebührenabrechnung!)

NO. 51

CHARAKTERLICHE
UNTEROPTIMIERUNG

Odrahda

NO. 51

Wer den Odrahdn einfach nur als Abgedrehten übersetzt, unterschätzt ihn. Der ist nicht durchgeknallt, ganz im Gegenteil! Ein Odrahda ist ein ziemlich cleverer Kerl, der mit einer Portion krimineller Energie ausgestattet ist und ständig das eine oder andere krumme Ding dreht. Raffiniert, gewieft und durchtrieben gewinnt er, indem er andere reinlegt. Nicht nur beim **Schafkopfa**, sondern auch sonst im Leben. Und so bringt er es mit seiner Raffinesse oft ganz schön weit. Leider.
Der Odrahde, der vareggte!

„**Wos machd'n da Xaver? – Der nennt se iatz Xavier und is a ganz a odrahda Heislschmusa.**" (Also ein ganz normaler Makler.)

NO. 52

CHARAKTERLICHE
UNTEROPTIMIERUNG

Dipferlscheisser

NO. 52

Genau genommen, und zwar ganz genau genommen, nämlich durchs sprachwissenschaftliche Mikroskop betrachtet, ist ein Dipferlscheißer auch nichts anderes als ein Korinthenkacker. Nur sagt das natürlich südlich des Weißwurstäquators niemand. Überhaupt ist das Kleinliche, Besserwisserische mit den zwei bayrischen Lebensphilosophien **Loß guad sei!** und **Basst scho!** kaum zu vereinbaren. Der Verdacht liegt daher nahe, dass Dipferlscheißer aus dem Norden eingewanderte Korinthenkacker sind, die sich hier niedergelassen und vermehrt haben. Oder ist es umgekehrt? Während die Gelehrten noch darüber streiten, wenden wir uns der unappetitlichsten Seite dieses Zeitgenossen zu. Offenbar leidet er unter **umbandiga Scheißeritis**, daher die Dipferl, also Tüpferl. Allerdings hat das Pedantische auch sein Gutes, da ein Dipferlscheißer die Anweisung „Bitte verlassen Sie diesen Ort so, wie Sie ihn vorzufinden wünschen!" genau **wiar a Haftlmacha** befolgt. Könnte ja ein Korinthenkacker sein, der als Nächster hereinkommt.

NO. 53

NO. 53

ZEFIX!
LIABLINGSBUIDLN

Zsammgsuffana

wer?
DA THOMAS DER JA EIGENTLICH NIDUS HOASST,
WIA JEDA WOASS.

wo?
IM MARIANDL IN MÜNCHEN

NO. 53

CHARAKTERLICHE
UNTEROPTIMIERUNG

Bier, mäßig genossen, schadet selbst in großen Mengen nicht. Dieser Rat wird so ernst genommen, dass beim größten Volksfest der Welt jedes Jahr rund sieben Millionen Liter Bier getrunken – ach, sagen wir ruhig, wie es ist – **zsammgsuffa** werden. Das Ergebnis kann sich sehen lassen: gut gefüllte Ausnüchterungszellen, Leberwerte, die wochenlang um Gnade betteln, und Zsammgsuffane aus allen Ecken der Erde. Wobei der Unterschied zwischen zsammgsuffa und zsammghaut oft kaum noch auszumachen ist. Und am Ergebnis auch nicht viel ändert. Wie argumentiert einer, der wieder zu sich kommt? **Alle redn vom vuin Saufa, aber koana vom großn Durscht.** Damit nicht zu verwechseln: **So Leit, sauft's eich zsamm!** heißt so viel wie: Austrinken, wir sperren zu! Aber: **Der sauft se no amoi zsamm!** bezeichnet das Trinken als lebensverkürzende Maßnahme.

„Da Bertl sauft wiar a Vasitzgruam."
(Versitzgruben sind Abwasser-Versickergruben mit mehreren Kammern, die so gut wie nie voll werden.)

NO. 54

CHARAKTERLICHE
UNTEROPTIMIERUNG

Gschroameier

NO. 54

Der jüngere Herr im Bild heißt zufällig Meier, doch das macht noch keinen Gschroameier aus ihm. Das geschieht erst, wenn er laut wird, und laut wird er, weil sich der ältere Herr neben ihm **dorat** (schwerhörig) stellt, was wiederum dazu führt, dass um ihn herum alle schreien **wia de Jochgeier.** Zu dem kleinen Gschroameier könnte man auch Gschroamaul sagen. Außerdem sieht man ihm schon von weitem an, dass er **maulert** (vorlaut) ist. Zur Abwehr so eines Exemplars hilft ein trockenes **Sei ned so fotzert, Rotzleffe!**

Neulich in der Bayernliga.
Fußballfan brüllt: „**Renn endlich, du oida Dridschla!**"
Spieler: „**Halt dei Gschroagoschn, Baidl, deppada!**"

NO. 55

CHARAKTERLICHE
UNTEROPTIMIERUNG

Gifthafal

NO. 55

Erst die Lauge, dann die Säure, sonst geschieht das Ungeheure! Das weiß der Baukasten-Chemiker ebenso wie die Schankkellnerin, die eine Radlermaß nach genau diesen Regeln mischen muss: zuerst das Bier und dann die Zitronenlimo. Andernfalls geht die Maß hoch und schäumt über wie – ja wie ein Gifthafal. Damit ist ein jähzorniger, aufbrausender Mann gemeint. Welche säuerliche Bemerkung einer **Giftnudl** (so heißt die weibliche Ausgabe des Gifthafals) wohl bei ihm eine so überheftige Reaktion auslöst? Und was für eine Lauge sich bei ihm aufgestaut hat?
 Die Hobby-Gastroenterologie ist sich hier völlig einig: Galle.

**„Da Luggi hod gestern wieda rumgift –
so a Gifthafal, so a gschdingads!"**

NO. 56

CHARAKTERLICHE UNTEROPTIMIERUNG

Nudldrugga

NO. 56

Nein, ein Nudldrugga ist keiner, der in seiner Pastamanufaktur mit bloßer Hand den Teig zu Nudeln umformt. Dafür hat man schließlich einen **Nudlwalgler**, also einen Teigroller. Ein Nudldrugga ist vielmehr ein innen und außen kleinkarierter Mensch, eine Krämerseele, ein Korinthenkacker, ein **Knickada** (Geizkragen). Häufig in leitender Funktion in Buchhaltungsabteilungen anzutreffen sowie in Landesbanken. Seinen Mangel an Phantasie kompensiert er durch so viel Pedanterie, dass er damit jeden Mitarbeiter in den Wahnsinn und jedes Unternehmen in den Ruin treibt: „**Pass auf**", sagt der Vorstandsnudldrugga zu seinem Assistenten, „**iatz mach ma Konkurs, damitsd dees aa lernst!**"

DAS ZWEITE ALBUM

ZWEIT-, DRITT- UND
NOCH MEHR SCHÜSSE

NO. 97

*Ein Schmarrnkiwe ist kein Kübl voller
Kaiser-, Kartoffel- oder sonstigem Schmarrn,
sondern ein Schädl voller Blödsinn.*

NO. 90

Zu Männern sagt man:
„A Hund is a scho!"
Weibliche Hundlinge nennt man
dagegen Luada.

NO. 22

Richtig erkannt, das im Hintergrund ist Wildbad Kreuth.
Und das im Vordergrund ist eine Bixlmadam.

NO. 45

„Schleich di, du Heislschleicha!

NO. 76

„Schau dassd weidakimmst!"

NO. 01

Bairisch für Anfänger:
„Dua mi ned okasn, du Kaasloawe!"
(Nerv mich nicht, du schwach pigmentiertes Bürschlein!)

„Des hoasst ned Bairisch,
sondern Bayrisch!"

Stimmt. Beides. Bayrisch sind das Land und seine Eingeborenen.
Aber was sie sagen, das ist Bairisch. Ihre Sprache nämlich.

NO. 70

*Da Flaschlbutza
is da Golden Retriever
des Urbayern.*

NO. 31

„Wos stinkt denn da so?"
„Ah, des ist da Oachebea, der macht se zrecht fiad Oabad!"

NO. 32

*Ein Haumdaucha ist kein
Unterwassersportler,
sondern ein intellektuelles Dörrobst.*

NO. 96

„Wer ist denn jetzt unsa neia Burgamasta?"
„Da Bertl, de schwoaze Sprichfotzn!"

NO. 81

*Schluchtenossi:
Österreicher
Schluchtenwessi:
Schweizer*

NO. 19

*Eine Dirn ist in Bayern keine Dirne,
sondern ein einfaches Madl.
Die anderen heißen Schnoin,
Schixn und Flietscherl.*

NO. 10

*Kanadischer Fluss mit vier Buchstaben:
Isar.*

NO. 50

„*I bin ned da Weihnachtsmann,
du Riesnrindviech!* –

*I bin da Heilige Nikolaus,
du Saubeidl du damischa!*"

NO. 80

„Megst a Bogfozn?"
„Kriagst a Betonwatschn!"

NO. 91

Oiso guad, bring mas hinta uns:
„Du Zipfel, Schwengel, Schafbeidl, Brunzer, Soacha!"

NO. 91

*Ein Haufen voller Deppen enthält
wesentlich mehr Deppen als ein
Deppenhaufen!*

NO. 71

„Dua dein Bleschl nei
du Zigarettnbiaschal, du zahnluggads,
sonst wiada dia kalt!"

NO. 82

*Dirndl mit Dirndl.
Welches ist jetzt welches?*

NO. 17

*Oa Oar ist koa Ohr,
sondern a Ei.*

NO. 17

*Wenn a Krampfhenna gackert,
kommt Schmarrn raus.*

NO. 06

*Schmai (Schnupftaback)
hilft gegen Zungenlähmung bei
Starkbier-Überdosierung.*

*Merke:
Alles neu macht der Schmai.*

NO. 79

*Geboren im Sternzeichen
Hörndlviech, lebt unter dem
Einfluss eines starken Aszendenten
Sturschädl.*

NO. 66

*„Schau ned so bled, du damische Kua
du damische!"*

DIE KUNST DES BAIRISCHEN SCHIMPFENS.

TEIL II

06

JUGENDFREI IST ETWAS ANDERES

Sechstens:

Eine kleine Hoffnung dieses Bandes ist es, seltene bairische Ausdrücke vor dem Vergessen zu retten. Dass Bairisch auf dem Weg zum Aussterben ist, wissen wir spätestens seit es im UNESCO-Weltatlas der bedrohten Sprachen Aufnahme gefunden hat. Das derbe Schimpfen ist naturgemäß besonders gefährdet. Denn wo kann man heutzutage noch ungeniert drauflosschimpfen, ohne sofort eine Klage am Hals zu haben – die garantiert auf Hochdeutsch verfasst ist.

Das nachfolgende Kapitel ist daher für unter 16-Jährige nicht geeignet: Öffnen sie es bitte erst nach 22:00 Uhr.

NO. 57
Britschn

NO. 58
Zipfeklatscha

NO. 59
Brunzkache

NO. 60
Kuttnbrunza

NO. 57

JUGENDFREI
IST ETWAS ANDERES

Britschn

NO. 57

Heute, da einem bei jedem Einschalten des Fernsehkastls eine Britschn, also ein leichtlebiges, unsittliches Frauenzimmer entgegenhüpft, erregt ein derartiges Weibsbild kaum noch Aufsehen. Dennoch sollte man sich hüten, freche junge Damen mit einem „Griaß eich, Britschn!" zu begrüßen. Es ist einer der derbsten Ausdrücke, deren das Bayerische mächtig ist. Im Duett mit einer Schnadern, also einer Frau, die alles weitererzählt, lässt sich die Britschn kunstvoll zu einer Beschimpfungskanonade der Schadensklasse 1 kombinieren: „**Schnadern, Britschn, miserawlige!**"

Und wenn eine Britschn **herumpritschelt?**
Dann ist das vergleichsweise harmlos. Man muss nur aufpassen, dass man dabei nicht **pritschnass** wird.

NO. 58

JUGENDFREI
IST ETWAS ANDERES

Zipfeklatscha

NO. 58

Ein böses Wort. „Sex mit jemandem, den ich wirklich liebe", hat Woody Allen es einst genannt, wobei er den bayerischen Fachterminus vermutlich nicht gekannt hat. Unter Freunden, und nur dort, kann das abfällige Zipfeklatscha auch als mitfühlende Begrüßung eingesetzt werden. „**Hä, oida Zipfeklatscha!**" ist zum Beispiel gleich bedeutend mit „Lieber Freund, dein Händedruck war auch schon mal kräftiger! Muß ich mir Sorgen um deine Gesundheit machen?"
„Zipfeklatscha" sollte von Frauen keinesfalls in den Mund genommen werden.

NO. 59

NO. 59

NO. 59

ZEFIX!
LIABLINGSBUIDLN

Brunzkache

wer?
DIE DANIELA

wo?
AUFM HEISL IM WOID BEI GREILING,
DES WAAR A GSCHIESS!

NO. 59

JUGENDFREI
IST ETWAS ANDERES

Gegen eine saubere Kache ist nichts einzuwenden. Eine gepflegte Pissoirfliese halt. Vernimmt man jedoch ein **„Brunzkache, ogsoachte!"**, so ist damit ein Schimpfwort der Premium-Klasse gemeint. Gerichtet an etwas, das in der Haisl-Männerabteilung überhaupt gar nichts zu suchen hat: das Geschlechtsteil eines Weibsbildes, eines **ausgschamtn.**

NO. 60

JUGENDFREI
IST ETWAS ANDERES

Kuttnbrunza

NO. 60

Die Kirche ist in Bayern ein so fixer Bestandteil des Alltags, dass nur dem Außerbayrischen auffällt, wie deftig mit ihren Symbolen umgegangen wird. Schon das Kruzifix dient als Fluch, und so erstaunt es kaum, dass auch für Glaubensvertreter ein paar Juwelen der Flegelei abfallen. Doch beschränkt sich der Einsatz von „Kuttnbrunza!" keineswegs auf vom rechten Weg abgekommene Mönche und Klosterbrüder. Jede Art von Würdenträger mit fundamentalistischem Hintergrund, vom ungerechten Richter bis zum scheinheiligen Politiker, kann damit beschimpft werden.

Übungslektion:
„Hams eahm endlich dawischt, den oidn Kuttnbrunza, den grauslign!"

07

MITTELLOS UND AUCH SONST NICHTS LOS

Siebtens:

Dort, wo in funkelnden Geländewagen morgens drei Semmeln transportiert werden, fällt einem besonders auf, was alles noch gespielt werden sollte, im Wunschkonzert des Lebens. Denn hier wird vielfach nicht von den eigenen vier Wänden, sondern dem Drittwohnsitz geträumt und der fleischfreie Freitag einfach mit Austern überbrückt. Der Bayer neigt bekanntlich zum barocken Überfluss und nicht zur schwäbischen Genügsamkeit. Wer dann dabei erwischt wird, dass er von den Großtugenden Freizügigkeit, Großzügigkeit und Genusssucht abweicht, darf sich des Spottes sicher sein. Wie das folgende Kapitel gleich beweisen wird.

NO. 61
Laare Hosn

NO. 62
Grattler

NO. 63
Noagalzuzla

NO. 64
Kloaheisla

NO. 65
Hemmadlenz

NO. 66
Freibierlädschn

NO. 61

MITTELLOS
UND AUCH SONST NICHTS LOS

Laare Hosn

NO. 61

In Helmut Dietls Sechsteiler „Kir Royal" hat Mario Adorf als Generaldirektor Haffenloher die laare Hosn unsterblich gemacht. „Disch kauf isch, du leere Hose!" droht er Baby Schimmerlos in feinstem Rheinisch. Der Bayer weiß natürlich, dass der Originalausdruck südlich des Weißwurstäquators entstand und dass seine Umkehrung „auf dicke Hose machen" ausschließlich bei den **Preißn** vorkommt. Ein Bayer macht so was nicht. Oder nur im Notfall. Lieber teilt er einem Mann mit, dass er ihn für ein **Mandl** oder **Mandschgerl** hält, also für einen, in dem nix, aber auch gar nix steckt, und beschimpft ihn korrekt mit **„Du laare Hosn, du miserablige!"**

NO. 62

MITTELLOS
UND AUCH SONST NICHTS LOS

Grattler

NO. 62

Den Grattler umgibt stets ein **Haufen Grempe**, also viel unnützes Zeug. Um das zu Geld zu machen, grattelt er (die lästigste Form des Feilschens) damit herum. Noch bevor der Begriff des Unterschichtenfernsehens formuliert war, zog dieser Tunichtgut schon mit seiner Handkarre, der Gratte, herum und versuchte, die Aufmerksamkeit des Dorfes auf sich zu lenken. Also nichts anderes, als das, was heute im privaten Nachmittagsfernsehen passiert. Grattler-TV wäre daher ein präziserer Ausdruck für solche Unterhaltung. Treffen sich mehrere Grattler, dann heißt das nicht deutscher Fernsehpreis, sondern Gschwerl. Nun nichts wie weg. Denn die wird man nicht mehr los, wie ein **lästigs Wimmal.**

Tischgebet eines Grattlers:
„Jesus, segne diese Schüssel, dass ma satt wern von dem Bissl!"

NO. 63

MITTELLOS
UND AUCH SONST NICHTS LOS

Noagalzuzla

NO. 63

Während ein Maßkrug in 1,5 Sekunden gefüllt ist, dauert es an manchen Wiesnabenden ewig, bis er leer wird. Dann lässt man das fade Lackerl halt stehen und bestellt eine frische Maß. Das ist dann die Stunde des Noagalzuzlas, der sich sofort des zur Neige (Noag) gehenden Getränks bemächtigt. Armselig, aber selig. Korrekte Reaktion: **„Schleich di, du Noagalzuzla!"** Bei den überall in Asien aus dem Boden schießenden „bayrischen!" Bierfesten erfreut sich der Noagalzuzla übrigens wegen seines fehlenden Rs steigender Beliebtheit: **„Plost, oida Noagalzuzla!"**

NO. 64

NO. 64

ZEFIX!
LIABLINGSBUIDLN

Kloaheisla

wer?
DA THOMAS, DEN MA MITTLERWEILE
WELTWEIT ALS NIDUS KENNT.

wo?
IN KALTENBRUNN BEI GMUND
IN SEINER FERIENWOHNUNG

NO. 64

MITTELLOS
UND AUCH SONST NICHTS LOS

Mit dem Anstieg der Immobilienpreise in jenen Landesteilen, in denen zur Lederhose ein Laptop getragen wird, ist ein dramatischer Bedeutungswandel des Kloaheislas zu beklagen. Früher waren damit Menschen gemeint, die weniger als ein Tagwerk Land, keinen Hof, kein Vieh und keine Scheune, sondern einfach nur ein Wohnhaus besaßen, also Nicht-Bauern. Die Kloaheisla von gestern sind die **Großkopfadn** von heute. Und die anderen sind die **Koaheisla**. Aber es gibt natürlich Ausnahmen. Rund um den Würmsee (vereinzelt auch Starnberger See genannt), im Tegernseer Tal und in Grünwald zählen bereits Bewohner von Anwesen, die keinen Innenpool und nur Gartensauna haben, zu den Kloaheislan.

NO. 65

MITTELLOS
UND AUCH SONST NICHTS LOS

Hemmadlenz

NO. 65

„Wos nennst du mi? An Hemmadlenz? Na wart, du Saubazi!" Der Andere darauf: „**Aber geh,** a Hemmadlenz ist doch nur ein Lorenz, der im Hemd rumrennt." Was dem Beschimpften hier nicht verraten wird: dass dieses Hemd höchstwahrscheinlich **obiesld** ist. Weil ein Hemmadlenz, zumindest in den Augen der bayrischen Landbevölkerung, so ziemlich das Letzte ist, nämlich ein **Gschlampada**. Früher hat man Hippie zu sowas gesagt. Und dass er auch ansonsten eine ziemlich **dahaude** Erscheinung ist, mit **a weng zweng** (also eindeutig zu wenig) Körperhygiene. Zudem ist er ein Kasperlkopf, absolut nicht ernst zu nehmen. Also im Grunde auch nicht schlimmer als der durchschnittliche männliche Wiesnbesucher nach der vierten Maß.

NO. 66

MITTELLOS
UND AUCH SONST NICHTS LOS

Freibierlädschn

NO. 66

Ein **Lädsch** ist männlich und unmännlich zugleich. Also ein Mann, der irgendwie läppisch, weibisch, schlaff daherkommt und dabei auch noch ständig eine **Lädschn** zieht, ein Gesicht, dass man meinen könnte, die Welt geht unter oder, noch schlimmer, das Bier ist aus. Und wenn so ein Exemplar dann auch noch im Wirtshaus, statt eine Runde auszugeben, sich ständig nur einladen lässt, dann kann er sich beim Anstoßen schon mal anhören: **Sitzst immer no do, oide Freibierlädschn?** Auch außerhalb der Hopfen- und Malzstuben sind Freibierlädschn zu finden, nämlich überall, wo sich auch ihre Verwandten herumtreiben, die **Schnuara** (Schnorrer): im Dunstkreis von **Gstopftn**, die sich **ned lumpn** lassen.

„Schleich di, du rinnaugade Freibierlädschn, du!"

08

IMMER
AUF DIE KLEINEN

Achtens:

Die gute Nachricht zuerst: jedes Jahr kommen rund 100.000 neue Bayern auf die Welt. Doch da diese erst mühsam bairisch lernen müssen (und oft niemals richtig lernen werden), ist die schlechte Nachricht noch wesentlich trauriger, als sie es ohnehin schon ist: Jahr für Jahr sterben fast 120.000 Bayerinnen und Bayern. Und mit ihnen all die kraftvollen Ausdrücke, die sich über die Jahrhunderte entwickelt, geschliffen und verfeinert haben. Viele davon sind sogar geeignet, sie kleinen Kindern an den Kopf zu werfen. Wie jene, die wir gefunden und auf den nächsten Seiten aufgeschrieben haben.

NO. 67
Kniabiesla

NO. 68
Kloaschoass

NO. 69
Rotzleffe

NO. 70
Flaschlbutza

NO. 71
Zigarettnbiaschal

NO. 72
Zelten

NO. 73
Bankert

NO. 74
Reahbeidl

NO. 75
Schratzn

NO. 76
Hundsgrippe

NO. 67

IMMER AUF DIE
KLEINEN

Kniabiesla

NO. 67

Ein Kniabiesla ist ein in jeder Hinsicht Halbwüchsiger, dem weder die Gesetze der Schwerkraft noch die des Windes vertraut sind. Es ist jedem Kniabiesla zu wünschen, dass eines Tages ein richtiger **Brunzer** aus ihm wird. Wenn sich einer regelmäßig aufs Knie **brunzt** und sich ebenso regelmäßig nicht wäscht, beginnt er zu **soachln**. Richtige Anwendung: „**Der soachlt fei schwaa!**" Kniabiesla verfügen gelegentlich über ein juveniles Geschlechtsteil:
„**Geh weida mit deim Ministrantenbipperl!**"

NO. 68

IMMER AUF DIE
KLEINEN

Kloaschoaß

NO. 68

Ein **Schoaß** ist bekanntlich ein Darmwind. Ob stumm oder mit Ton, tut dabei nichts zur Sache. Schoaß nennt man aber auch einen kleinen, nicht ernst zu nehmenden Mann. **„Do drübn, dea Schoaß hintam Maßkruag, des is da Wiggerl."** Ein Kloaschoaß ist demnach entweder ein Mini-Darmlüfterl, also ein **Bumserl** oder **Schoaßerl** oder eben die Liliputausgabe eines kleinen Mannes. **Mehra a Biawal ois wiar a Mo,** mehr ein Jüngling als ein Mann.

Was aber ist dann ein **Schoaß in da Pfanna?** Die bayrische Malediktologie (das ist die Wissenschaft vom Schimpfen) forscht noch darüber. Bis das amtliche Endergebnis feststeht, benutzen wir ihn einfach wie immer: als Koseform für einen testosteronunterversorgten **Kletznbeni**.

NO. 69

IMMER AUF DIE
KLEINEN

NO. 69

Weibliche Rotzleffen heißen übrigens **Rotzbibbn** und werden nicht an den Ohren gezogen, sondern an den Zöpfen. Angemessene Antwort: „**Schleich di, Oarschloch!**" Wer ein richtiger Rotzleffe werden will, braucht nicht nur Rotz (siehe auch Ramme), sondern auch entsprechende **Leffe** (Löffel), an denen man ihn ziehen kann. Das freche, vorlaute Benehmen kommt dann von ganz allein. Einen erwachsenen Rotzleffe erkennt man an seinem **Rotzbremsa**. Das ist jene Gesichtsbehaarung, die über dem **Riassl** wächst, also unter der **Nasn**.

NO. 70

IMMER AUF DIE
KLEINEN

Flaschlbutza

NO. 70

Eigentlich ist ja der Löwe das offizielle Wappentier der Bayern, aber das wahre Nationalviech ist der Rauhaardackel, auch Zamperl und gelegentlich Wackerl gerufen. Hinter dem leicht abfälligen Grundton lässt sich ein typisches Wesensmerkmal der Bayern erkennen: Die Dinge, die sie wirklich lieben, verspotten sie, damit es nicht zu viel wird mit der Gefühlsduselei. So ist auch der Flaschlbutza (vom borstigen, drahtigen Haar des Dackels abgeleitet) der gut getarnte Versuch, den geliebten Vierbeiner vor allzu großer Zuneigung in Schutz zu nehmen. Der dankt's seinem Herrchen durch lebenslange Treue.

Übungslektion:
„Kimm her, Flaschlbutza, gehma ins Bräustüberl!"

NO. 71

NO. 71

ZEFIX!
LIABLINGSBUIDLN

Zigarettnbiaschal

wer?
DA MAXI

wo?
IN GASSE HINTER SEEGLAS BEI GMUND AM TEGERNSEE,
BENZIN IS AUS UND KIMMT A NIMMA!

NO. 71

IMMER AUF DIE
KLEINEN

Wenn ein Mann noch gar kein richtiger Mann ist, dann nennt man ihn Biaschal. Und wenn so ein Biaschal ein besonders **windigs Biaschal** ist, dann nennt man es Zigarettnbiaschal. Auch wenn behauptet wird, dass Rauchen schlank mache, hat das Zigarettnbiaschal-Dasein nichts mit dem Nikotinkonsum zu tun – die Dürre ist ihm angeboren. **Steckerlhaxn** und **Spatzenwadl** verleihen ihm die Gestalt und Robustheit einer Zigarette, deren Glut natürlich bei der kleinsten Wirtshausschlägerei ausgeht. Durch das allgemeine Rauchverbot gehört das Zigarettnbiaschal ohnehin zu den aussterbenden Arten. Wenn es wider Erwarten erwachsen wird, wird ein **Mandschgal** aus ihm. Durch gezielte Vermählung mit **Heugeign**, also besonders langen und dünnen weiblichen Personen, kann versucht werden, den bedrohten Bestand zu stabilisieren.

IMMER AUF DIE
KLEINEN

NO. 72

Zeltln ist keine japanische Kampfsportart, sondern eine schöne Beschäftigung, die Väter mit ihren Kindern am Wochenende unternehmen können. Man braucht dazu einen schönen Zeltplotz, ein Zelt und ein paar Haring. Aber nehmen Sie bitte nicht die aus der Fischhandlung. Einen **Haring** nennt man auch ein dünnes, schlaksiges Mädchen, das darf natürlich auch mitzelten. Ein **Lungaharing** dagegen sollte besser zu Hause beim Großvater im **Schbeibhaferl** bleiben. Wieso Buben, die nerven, auch „**Du Zelten!**" gerufen werden, bleibt ein Geheimnis der Väter, die sie so nennen. Es ist aber mehr liebevoll als böse gemeint, wahrscheinlich liegt es an der klanglichen Verwandtschaft zum Lebzelten, dem Lebkuchen also.

NO. 73

IMMER AUF DIE
KLEINEN

Bankert

NO. 73

Ob der Status der Unehelichkeit automatisch eine ausgeprägte Ungezogenheit mit sich bringt, muss die Sozialpädagogik klären. Der Bankert jedenfalls wurde früher auf der Schlafbank der Magd gezeugt, daher der Name. Doch auch der in der ehelichen Kemenate produzierte Bub kann die ärgste Plage sein und darf dann Bankert genannt werden. Ein typischer Spielplatzspruch an einen jungen Vater: **„Gustl, jetzt nimm dein Bankert und verschwind!"**

Ist eine Meute von ungezogenen, störrischen Kindern im Anmarsch, sind das die **Bankertn**. Sie zündeln gern, fackeln **Heumandl** und manchmal ganze Höfe ab und werden daher ziemlich bald in irgendein Internat abgeschoben, wo sie auf die anderen Bankertn treffen. Als Berufswunsch äußern sie dann: „Investmentbänka." Am Ende sitzen sie in London in der Bankertn-Bank und freuen sich darauf, das Finanzsystem in Schutt und Asche zu legen.

NO. 74

IMMER AUF DIE
KLEINEN

Reahbeidl

NO. 74

Reahn oder **Woana**, ja selbst das Weinen, ist vollkommen in Ordnung, wenn man sechs Jahre alt ist und feststellt, dass der große Bruder den Lieblings-Teddybären in die Waschmaschine geworfen hat, wo er im Kampf mit grünen Socken und roten Unterhosen ein Auge verloren hat. Reahn ist aber absolut nicht in Ordnung, wenn man in der Wahlnacht feststellt, dass man im Kampf mit Roten und Grünen schon wieder ein paar Prozent und die dazugehörigen Abgeordneten verloren hat. Reahn tut kein **gstandna Bolidigga**. Und wenn doch, dann ist das schon wieder so raffiniert sympathisch, dass die Wechselwähler bestimmt sofort alles bereuen werden. Tröstende Worte des Wahlsiegers: „**Ned woana, Reahbeidl, in fünf Joah probierst as hoid no amoi!**"

NO. 75

ZEFIX!
LIABLINGSBUIDLN

Schratzn

wer?
DA MAXI, DA CORNELIUS, DA LUDWIG, DIE RONJA,
DA KONSTANTIN, DA EMIL UND
SAXENDIE NOAMOI, DA MAXI.

wo?
AM HAUPTBAHNHOF IN TEGERNSEE

NO. 75

IMMER AUF DIE
KLEINEN

Sie sind schlecht erzogen, mit hoher Wahrscheinlichkeit dreckat hinter den Ohren, haben keinen Respekt vor dem Alter und wohnen bestimmt in einem **Ratzenloch**, diese **Drecksschratzn**. Mit Schratzn sind also immer die Kinder der anderen gemeint, nie die eigenen. Man darf aber auch kleine Männlein als Schratzn bezeichnen, wie es schon in der Gudrunsage, jenem mittelhochdeutschen Heldenepos, nachzulesen ist, das auf keinem bayrischen **Nachtkastl** fehlen darf. Was ist jedoch davon zu halten, wenn in einem Chiemgauer Wirtshaus frische Schratzen auf der Karte stehen? Neobajuwarischer Kannibalismus? Keineswegs. So nennt man in der Gegend nämlich auch Barsche. Kleine, stachelige Biester – **aba guat sans scho!** Der Altbauer zu den Kindern, die auf seiner Wiese Drachen steigen lassen: „**Schleichts eich vo meina Wiesn, Drecksschratzn, gfotzade!**"

NO. 76

IMMER AUF DIE
KLEINEN

Hundsgrippe

NO. 76

Dass der so gerufene nun Grippe hat, nur noch ein Gerippe oder ein Krüppel ist, kann weitgehend ausgeschlossen werden. Mit einem Hund gemeinsam hat derjenige nur die Tatsache, dass er ebenso vorlaut ist. Keine wirklich schlimme Beschimpfung also, weshalb sie oft durch ein **„miserabliga"** zur brauchbaren Beleidigung aufgewertet wird.

# 09

ROHDIAMANTEN MIT 0 KARAT

Neuntens:

Ach, die Ursprünglichkeit. Wer sie sucht, fährt am besten in die Berge. Ins Karwendel zum Beispiel, um im Herbst die rotbeblätterte Pracht der Ahornböden zu bewundern. Dort angekommen stellt man aber fest, dass vom Ursprung nicht mehr viel übrig ist. Man spaziert über asphaltierte „Wanderwege", blickt über Wiesen, die aussehen wie Golfplätze und sieht Bergspitzen, die von Mountainbikern im Dutzend abgehakt werden. Weil das Wilde, Rohe, Unbehauene fast in allen Lebensbereichen domestiziert wird, gibt es kaum noch Worte dafür. Außer im Bairischen. Wobei man sich fragt, wo man sie heutzutage noch einsetzen könnte. Unser Vorschlag: Ein Besuch auf der Wiesn, wo die Zivilisierten ausgewildert werden. Ab der dritten Maß ist sie wieder da, die Ursprünglichkeit.

NO. 77
RUACH

NO. 78
HAMBBARA

NO. 79
HOGLBUACHANA

NO. 80
GLOIFFE

NO. 77

ROHDIAMANTEN
MIT 0 KARAT

Ruach

NO. 77

Der 14. November ist der Tag des Teilens. Da bleiben in Bayern viele Leute zu Hause, weil sie sonst auf der Straße als Ruach, elendiga! beschimpft werden könnten. Als Geizkragen also. Die menschgewordene Raffgier hat es nicht leicht an so einem Tag, obwohl ja die Habgier kein typisches bayrisches Phänomen ist. Auf Amerikanisch heißt sie zum Beispiel „subprime loans". In den Investmentbanken hat der Ruach nämlich eine eigene Abteilung gegründet, um „kreative Finanzprodukte" zu erfinden und an Leute zu verkaufen, die endlich auch einmal das große Geld machen wollen. Doch davor steht immer noch der Merksatz aller Bankdirektoren:
A großa Ruach vadient an de Haufan kloane Ruacha.

NO. 78

ROHDIAMANTEN
MIT 0 KARAT

Hambbara

NO. 78

Einen Handwerker darf man durchaus Hambbara nennen, und zwar dann, wenn er nichts kann außer Rechnungen schreiben. **Unser Boiler hod immer no koa warms Wasser, du Hambbara,** lautet in diesem Fall die völlig korrekte Anrede. Einen braven Handwerksburschen dagegen, der kein **halbschariges Scheißglump** verbaut, sondern Dinge, die halten, nennt man – ähm – Handwerker. Für so etwas Seltenes gibt es gar kein urbayrisches Wort. Offenbar ist man hierzulande eher wenig begeistert von den Leistungen der diversen Schraubakrobaten. Weshalb man für den Handwerker seines Misstrauens so schöne Begriffe wie **Murkser, Krauterer, Batzenlippl** und viele mehr zur Auswahl hat.

Neulich in der bayrischen Staatskanzlei:
„**Des is koa Gsetzesvorlage, du Hambbara, des is a Drecksgschreibsl, a mistigs!**"

NO. 79

Gawe

NO. 79

NO. 79

ZEFIX!
LIABLINGSBUIDLN

HOGLBUACHANA

wer?
MEI DA HEINZI
25 JAHR IM MÜLL RUMGWÜHLT...JETZT FISCHT ER...
KENNT EH A JEDER

wo?
BEIM THOMAFISCHER IN CHIEMING
AM SCHÖNEN CHIEMSEE

NO. 79

ROHDIAMANTEN
MIT 0 KARAT

Auch wenn die immergrünen Bollwerke der Thujenhecken in den Gärten der Neubaugebiete etwas anderes erzählen: Das typische heimische Gewächs, um Grundstücke voneinander zu trennen, ist die Hainbuche. (Aber die typische heimische Hausform ist ja auch nicht die Palazzina Toscana.) Den ganzen Winter über behält der auch Haglbuche genannte Baum sein braunes Laub und wirft es erst im Frühling ab, wenn die frischen Blätter kommen. Genauso zäh und unnachgiebig ist ein Hoglbuachana. Deshalb kann es durchaus erfreulich sein, so bezeichnet zu werden: als unverbildet und natürlich. Meistens ist damit jedoch gemeint: ordinär und derb. Richtig **gschert** halt.

„**So a hoglbuachana Sauhund, so a dreggada!**"

NO. 80

ROHDIAMANTEN
MIT 0 KARAT

GLOIFFE

NO. 80

Bairisch steht bekanntlich im zweiten Weltatlas der bedrohten Sprachen, der von den **Gscheidhaferln** der UNESCO akribisch geführt wird. Zu den vielen Schimpfwörtern, die schon heute praktisch ausgestorben sind, gehört der **Gloiffe**. Gemeinsam mit seinem Bruder, dem **Glache**, hat er sich auf die Almen der hintersten Täler verkrochen und kommt nur noch ab und zu mit einem **Fetzn**, pardon: Vollrausch, aus seinem Exil hervorgekrochen. Und wer ist daran schuld? Männer-Lifestyle-Magazine. Männer-Casting-Shows. Männer-Kosmetik. Wie soll man sich in so einem Umfeld zu einem ungehobelten, groben, unhöflichen Kerl entwickeln? Wenn also heutzutage jemand als „**Gloiffe, gscheada!**" beschimpft wird, darf er darauf antworten:
„Kas mi ned o, i bin a bedrohte Art!"

10

DIE AUSSERBAYRISCHEN LANDEN!

Zehntens:

Obwohl jedes Jahr mehr als 31 Millionen Außerbayrische in Bayern übernachten, steht man hierzulande dem Fremden skeptisch gegenüber. Was von außen und erst recht von Norden daherkimmt, wird grundsätzlich erst einmal misstrauisch beäugt. Der Begriff der Gastfreundschaft lässt sich daher auf Südhochdeutsch am besten mit vorübergehender Duldung übersetzen. Dementsprechend fein haben sich im Lauf der Jahrhunderte die Möglichkeiten einer Abwertung von Fremden herausgebildet. Zuagroaste, die sich davon trotzdem nicht abschrecken lassen und hier bleiben, können sich immerhin durch eine Erkenntnis von Karl Valentin trösten lassen: „Fremd ist der Fremde nur in der Fremde." Das gilt auch für Bayern im Ausland. Nur am Nordufer des Gardasees ist sie außer Kraft gesetzt.

NO. 81
Schluchtenscheisser

NO. 82
Saupreiß, kinäsischa!

NO. 83
Katzlmacha

NO. 84
Boandlkrama

NO. 85
Gschwerl

DIE AUSSERBAYRISCHEN
LANDEN!

Schluchtenscheisser

NO. 81

Jahrzehntelang mussten sich Deutsche im alpinen Winterurlaub von Österreichern verspotten lassen. **Als Marmeladinger, Moxikaner** („mag sie keiner"), **Muffeländer** und so weiter, aber wir werden hier doch nicht den **Dodel** machen und noch mehr verraten. Nun wird aber zurückgeschissen, pardon: -geschossen. Ins flache Land mit „**Furchenscheißer!**", zwischen die Berge mit „**Schluchtenscheißer!**" Dass diese Attacke ausgerechnet aus Bayern kommt, kann nur als späte Vergeltung für die Schlacht am Bergisel verstanden werden, als die bayrisch-französische Allianz gegen Andreas Hofer verloren hat. Oder, um in der jüngeren Geschichte zu bleiben, als Rache für die Werbebanner, die beim Neujahrsspringen in Garmisch-Partenkirchen 2010 an der Großen Olympiaschanze aufgezogen wurden. Die machten nämlich nicht für Garmisch Werbung, sondern für die hinterfotzige Konkurrenz hinter der Zugspitze. Und was antwortet der Alpenländer, wenn er Schluchtenscheißer genannt wird? „**Bischt a Tirola, bischt a Mensch. Bischt ka Tiroler, bischt a Oasch.**"

NO. 82

DIE AUSSERBAYRISCHEN
LANDEN!

Saupreiß, kinäsischa!

NO. 82

Gibt es Schlimmeres als einen Preißn? Es ist nicht allein seine norddeutsche Herkunft, die einen Menschen dazu macht – dafür kann er schließlich nichts. Es ist vor allem seine unangenehme Art, die einen Preißn ausmacht: laut, vorschnell und prahlerisch bringt er damit auch die Norddeutschen, die eigentlich nett sind, in Verruf. Besser als Reinhold Aman kann man es nicht sagen: „**Nicht alle Norddeutschen sind Breißn, aber alle Breißn sind Norddeutsche.**"

Ob es nun ein **Saupreiß**, ein **kinäsischa**, ist oder ein **Saupreiß**, ein **japanischa**, und ob darüber der zweite japanisch-chinesische Krieg ausgebrochen ist, kann natürlich als Zinnober, also als grober Unfug, bezeichnet werden. Doch deutet einiges darauf hin, dass es der **Kinäs** ist, der als Inbegriff des Fremden gilt und der damit den Saupreißn, und zwar den chinesischen, zum Inbegriff des **Zuagroastn** macht. Da kann er so viele Trachtenjanker anziehen, wie er will.

NO. 83

NO. 83

ZEFIX!
LIABLINGSBUIDLN

Katzlmacha

wer?
DA KLAUS

wo?
IN SEINER OIDEN SCHMIEDEN
IN BAD WIESSEE.

NO. 83

DIE AUSSERBAYRISCHEN
LANDEN!

Kleiner Exkurs in den Ethnophaulismus (das ist die Lehre von der Beschimpfung anderer Völker): Ist der Norddeutsche ein **Saupreiß** und der Ostfriese ein **Muschelschubser**, so müssen sich Italiener als Katzlmacha beschimpfen lassen. In Wien wurde der Ausdruck im 18. Jahrhundert erfunden und breitete sich dann mit italienischen Wanderarbeitern nach Bayern aus. Viele Interpretationen stehen zur Verfügung, darunter diese drei: 1. Kesselmacher. 2. Kindermacher. 3. Lügner oder Schuft. Suchen Sie übrigens eine originelle Beschimpfung für Österreicher? Wie wär's mit **Schluchtenscheißer?**

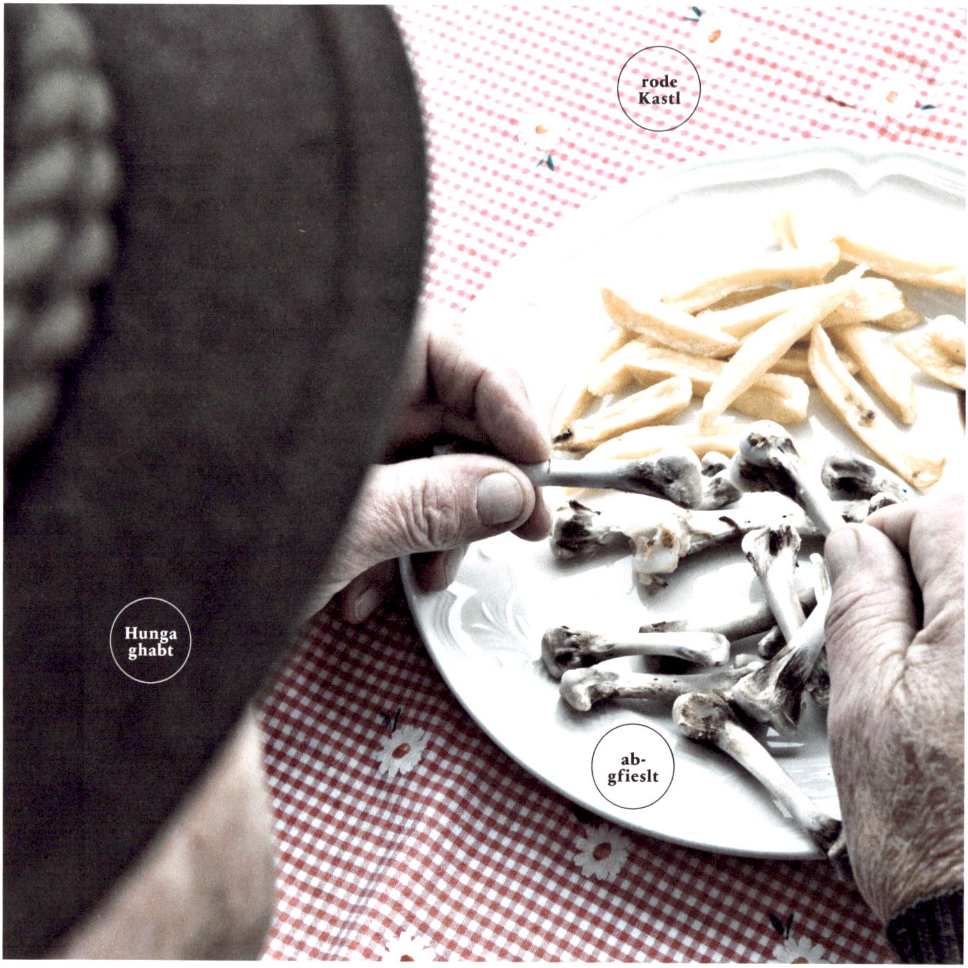
rode Kastl
Hunga ghabt
ab-
gfieslt

DIE AUSSERBAYRISCHEN
LANDEN!

Boandlkrama

NO. 84

Warum haben die Bayern eine höhere Lebenserwartung als die Durchschnitts-außerbayrischen? Weil sie sich vor nichts fürchten. Selbst mit dem Tod haben sie ihre Gaudi. Deshalb kommt der Knochenmann hierzulande auch nicht stolz mit der Sense durch die Tür und holt sich, was reif ist, sondern fragt untertänigst an wie ein Kurzwarenhändler (der übrigens so ähnlich, nur ganz anders heißt, nämlich Bandlkramer). Antwort: **„Schleich di!"** Manchmal kommt er dann gar nicht wieder, dann werden die Leute 110 Jahre alt, wie d'Anni: **„I moan, mi hod da Boandlkrama direkt vagessn!"** Wo aber lässt sich der Boandlkrama – also einer, der gewissermaßen mit Knochen handelt – als Beschimpfung einsetzen? Zum Beispiel beim Gebrauchtwagenkauf in Fürstenfeldbruck, wenn der Händler für die 4x250-Watt-Anlage im Opel plötzlich einen Quadrophonie-Zuschlag verlangt. Dann bietet sich ein **„Du Boandlkrama, du windiga!"** förmlich an.

In Franz von Kobells Geschichte vom Brandner Kaspar scheitert der Boandlkrama an der Trinkfestigkeit des alten Brandner:
„Sacklzement, bist du a zacher Hund!"

DIE AUSSERBAYRISCHEN
LANDEN!

Gschwerl

NO. 85

Menschen mit einem Hang zur Verwahrlosung kann man durchaus als Gschwerl bezeichnen. Das ist jedoch keineswegs gleichbedeutend mit asozialem Pack. Gschwerl kann sich außerhalb der Gesellschaft aufhalten, muss aber nicht. Oft sind damit einfach nur **gschlamperte** Andersdenker gemeint. So nennt schon mal ein CSU-Politiker politisch desorientierte Parteigänger **linkes Gschwerl** oder der Lehrer die unruhige letzte Reihe seiner Klasse **dreckfaules Gschwerl**. Oder der Mountainbiker am Gardasee die Neopren-Elite **Surfer-Gschwerl**. Gschwerl gibt es nicht einzeln, es tritt, wie das **Gsindl**, immer **z'mehran** auf (nicht in Meran, sondern zu mehreren). Ein Gschwerl-Solist ist oft ein **Grattler**.

Ordnungsruf im bayrischen Landtag:
„**A Ruah is da hintn, greans Gschwerl!**"

11

LIEBE INKL. NEBENWIRKUNGEN

Elftens:

Auch wenn München immer als nördlichste Stadt Italiens gelobt wird, so unterscheidet sich das Bairische vom Italienischen grundlegend: Während der Südländer eine verschwenderische Fülle von Komplimenten bereit hat, um die Schönheit der Damen und die Köstlichkeit der Liebe zu preisen, fällt einem Bayern außer vielleicht a fescha Has und a siaß Madl nicht viel ein. Gemma schnacksln eventuell noch. Das gesamte Liebes-Vokabular passt auf gerade mal eine Seite. Aber weil wir hier Gottseidank kein Liebes-Fachlexikon, sondern ein Schimpfwörterbuch haben, stört das nicht weiter. Erfreuen wir uns lieber an ein paar Spezialbegriffen, mit denen sich die Damen und Herren, die gerade auf amourösen Pfaden wandeln, **tratzen** (ärgern) lassen

NO. 86
Ohabiga

NO. 87
Tschamsdara

NO. 88
Gschpusi

NO. 89
Flietscherl

NO. 90
Luada

NO. 86

LIEBE INKL.
NEBENWIRKUNGEN

Ohabiga

NO. 86

Es ist gut möglich, dass Sie vom Ohabigen noch nie gehört haben. Aber Sie kennen sicher einen. Das ist nämlich ein Herr, meistens ein Oaschichtiga, also Alleinstehender, der seine **Bratzn** nicht von seiner Angebeteten lassen kann, obwohl sie gar nichts von ihm will. Ständig will er sich an sie **oloana**, sie **oglanga**, und am Liebsten gleich auf den **Heibodn** mit ihr. Wenn die Dame höflich ist, fragt sie: „**Megst a Fozn?**" (Willst du eine Ohrfeige?). Wenn sie unhöflich ist, schlägt sie gleich zu. Und wenn das nicht hilft, hilft nur die Flucht.

Übungslektion:
„**Der Horschtl, der is a recht a Ohabiga!**"

NO. 87

LIEBE INKL.
NEBENWIRKUNGEN

Tschamsdara

NO. 87

Einen jungen (oder auch älteren) Mann, der einer Frau den Hof macht, kann man Tschamsdara nennen. Und zwar dann, wenn eine gewisse Vergeblichkeit des Vorhabens schon in seinem Werben enthalten ist. Die Dame hält ihn auf Distanz, denn sonst würde sie ihn nicht ihren Tschamsdara nennen, sondern gleich ihr **Gspusi**. So gesehen ist der Tschamsdara ein Liebhaber im Konjunktiv und tritt auch gern im Plural auf, besonders im Frühling. Ein typischer Dialog im Zimmer zweier fescher Schwestern könnte zum Beispiel so lauten:
„**Vroni, deine drei Tschamsdara stehn draußn auf da Loata!**"
„**Ziag d' Vorhäng zua!**"

NO. 88

LIEBE INKL.
NEBENWIRKUNGEN

Gschpusi

NO. 88

Außereheliche Betätigungen haben in diesem unserem vergnügungssüchtigen Land eine große Tradition. Bis heute darf man sich auf König Ludwig I. und dessen Gschpusi Lola Montez berufen. Die irische Tänzerin hatte dem König bereits fünf Wochen nach ihrem ersten Auftritt in München so den Kopf verdreht, dass er sein Testament zu ihren Gunsten ändern ließ. **Üwahaupz** haben die Bayern diesem König in Sachen Gaudi viel zu verdanken. Schließlich wurde anlässlich seiner Hochzeit mit Therese von Sachsen-Hildburghausen (damals war er noch Prinz) das Oktoberfest erfunden. Und wie viele Gschpusis auf der Wiesn ihren Anfang genommen haben – **da legst di nieda!**

NO. 89

NO. 89

ZEFIX!
LIABLINGSBUIDLN

Flietscherl

wer?
DIE KATL, DECKNAME RÜLLE,
IM WIRKLICHEN LEBEN:
DIE KATJA, MIT DEM ANDI

wo?
AM RISTLE BEI ROTTENBUCH

NO. 89

LIEBE INKL.
NEBENWIRKUNGEN

Ein Flietscherl, mit langem „i" wohlgemerkt, kennt alles und jeden. Männer vor allem. Das Einzige, was das Flietscherl nicht kennt, ist die Weisheit, wonach selten was Besseres nachkommt, was dazu führt, dass es bei jeder neuen Männerbekanntschaft am Morgen danach das Gefühl hat, in den falschen Händen gelandet zu sein. Wenn Sich-Ausziehen nicht mehr hilft, muss ein Flietscherl wohl ausziehen. In die nächsten Hände. Weshalb man mit seiner Telefonliste ganze Bücher füllen kann. Wenn ein Flietscherl nicht aufpasst, endet es als Flietschn, einem Aggregatszustand, dem nicht nur jede Moral, sondern auch die Leichtigkeit des Flietscherl-Seins abhanden gekommen ist. Flietschn nennt man in Bayern übrigens auch Flügel. Weshalb man den Schlachtruf einer von Flietscherln heiß geliebten Energiebrause ruhig einmal auf Bayrisch anstimmen könnte: **Siaß' Kracherl verleiht Flietschn!**

„De Lisi hat unsern Bertl sitzen lassen mit zwoa Kinder, de Flietschn, de ausgschamte!"

NO. 90

LIEBE INKL.
NEBENWIRKUNGEN

Luada

NO. 90

Natürlich darf man auch Tiere als Luder bezeichnen. **D'Aphrodite, des Luada, hod mi scho wieda abgworfa!**, klagt der Reiter, wenn ihm sein Ross durchgegangen ist. Auch der Jäger kennt das Luder als Aas, das er zum Anlocken des Wildes benutzt. Doch normalerweise werden durchtriebene Frauenzimmer so genannt, weshalb es durchaus vorkommen kann, dass der unglückliche Reiter am nächsten Morgen beklagt: **Und dann hod mi die Vroni aa no außegschmissn, des Luada!** Rätselhaft, warum trotzdem Scharen junger Männer in Amüsierstuben strömen, die sich „Luder-Lobby" oder „Luder-Lounge" auf die grellen Fahnen schreiben. Vielleicht, weil sie hoffen, hier Exemplare anzutreffen, die den Titel Luada als Auszeichnung tragen. Als Beweis für ihre Raffinesse und Geschicklichkeit. In was auch immer.

**„Die Moni, des Luada,
hams in Gemeinderat gwählt!"**

12

MIT MILDER SCHÄRFE GEWÜRZT

Zwölftens:

Es muss nicht immer bösartig sein. Oft schimmert in bayrischen Beschimpfungen etwas Verschmitztes, Wohlwollendes durch. Manchmal sogar Lob. Wobei man wissen muss, wie das wichtigste Prinzip des bayrischen Kompliments lautet: Nur nicht zu viel davon! Jeder Nicht-Bayer würde sich bestimmt beschweren, als Hund bezeichnet zu werden. Im Bairischen dagegen ist das als Ausdruck der größten Wertschätzung zu verstehen: A Hund is a scho! Wer das zu hören bekommt, steht in einer Reihe mit den großen Hundlingen des Landes: Hoeneß, Strauß & Co.

NO. 91
Deppnhaufa

NO. 92
Hanswurscht

NO. 93
Treibauf

NO. 94
Kaschperlkopf

NO. 95
Schmarrnbruada

NO. 96
Sprichfotzn

NO. 97
Schmarrnkiwe

NO. 98
Krachada

NO. 99
Watschnbaam

NO. 91

MIT MILDER
SCHÄRFE GEWÜRZT

Deppnhaufa

NO. 91

Kaum eine Beleidigung lässt sich so elegant variieren wie der Depp. Es beginnt mit dem **Deppal**, einer nicht ganz ernst zu nehmenden Person. Bei gesteigerter Blödheit reicht ein simples „**Du Depp**". Bei noch härteren Fällen empfiehlt sich der Einsatz von „**Du deppada Depp, du damischa**". Doch damit ist der Gipfel der Idiotie noch nicht erreicht. Wenn einer nämlich einen so ausgewachsenen Riesenblödsinn angestellt hat, dass dafür die Worte fehlen, dann greife man zum Pluralis Maledictionis. Das ist kein Zauberspruch, sondern ein Schimpfangriff in Überzahl. Damit lässt sich auf einen Menschen all das konzentrieren, was normalerweise eine ganze Horde von Deppen ausmacht. Ein Deppnhaufa ist also kein Haufen voller Deppen, sondern ein einziger **Volldepp**. Und was für einer!

Nach wiederholter positiver Alkoholkontrolle kann man hören:
„**Den Deppnhaufa hod zum fünftn Mal d'Schmier dawischt. Jetzt muaß er zum Depperltest!**"

NO. 92

MIT MILDER
SCHÄRFE GEWÜRZT

Hanswurscht

NO. 92

Für die Anrede eines Mannes namens Hans bietet das Bayerische eine Fülle von Möglichkeiten. Da ist zunächst der liebevolle Kosename Hansi. Unter Freunden nennt man ihn vertraulich **Hauns**. Wenn daraus ein **Hansl** wird, ist das schon weniger vertraulich. Am unteren Ende der Hänsel-Skala stehen dann der **Hanskaschperl** und der **Hanswurscht**. Wenn man einen so anredet, kanns schon passieren, dass man dafür eine **Bogfozn** kassiert. Eine kräftige **Watschn** also.

NO. 93

ZEFIX!
LIABLINGSBUIDLN

Treibauf

wer?
WER UNTERM HUAT IS,
WISS MA NED, ABER GSUND IS DES NED AUF DAUER.

wo?
AUFM KIRCHSEE BEI SACHSENKAM.

NO. 93

MIT MILDER
SCHÄRFE GEWÜRZT

Der Treibauf ist kaum noch als Schimpfwort zu erkennen. Besonders in München nicht, wo sowieso alle aktiv (**aufgschreckt**) sind, am Wochenende an der Isar und nachts im Glockenbachviertel. Aber weiter drin in Bayern, wo die Tage langsam im Hopfennebel **dahintritscheln** und die Kellnerin (gelegentlich auch **Tropfbierdotschn** genannt) das letzte Bier kurz nach der Rundschau serviert, da hat sich das urtypisch misanthropische Element konserviert. Wenn hier der Hannes plötzlich vor der Rundschau aufsteht, sich den Hut frech auf den Kopf setzt und sagt: „**Pfiatz eng, i muaß fuat!**" dann grollt es hinter ihm missbilligend vom Stammtisch nach: „**Schleich di, du Treibauf!**"

NO. 94

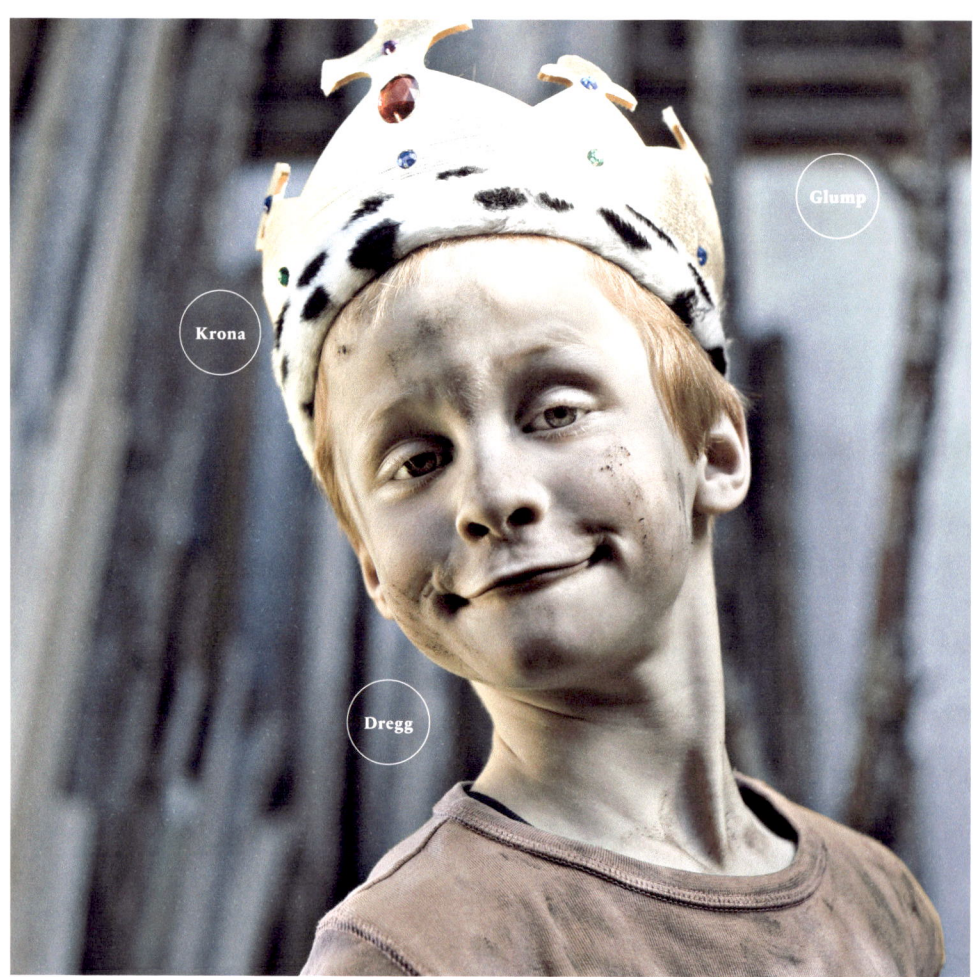

MIT MILDER
SCHÄRFE GEWÜRZT

Kaschperlkopf

NO. 94

Ein Kaschperlkopf ist ein wenig ernst zu nehmender Mensch, der sich dem Amusement und der Lebenskunst verschrieben hat. Also landet er in einem sogenannten Kreativberuf und wird zum Beispiel Architekt. Wenn also im Bauausschuss, in dem über die Genehmigung für ein Flachdach oder ähnlich neumodische **Sparifankerl**-Architektur abgestimmt wird, jemand „Kaschperlkopf" genannt wird, dann kann nur der Architekt gemeint sein und niemals der Bürgermeister. Der ist nämlich meistens ein **Stiaschädl**. Folgerichtig antwortet der Architekt dem Bürgermeister auf die Ablehnung seiner Baugenehmigung so: **„Du stiagnackada Stiaschädl, du stiagnackada!"**

NO. 95

MIT MILDER
SCHÄRFE GEWÜRZT

Schmarrn-bruada

NO. 95

Ein Mann, der eine süße Mehlspeise in der eisernen Pfanne brät, heißt Koch. Zum Schmarrnbruada wird er erst dann, wenn er statt Rosinen zum Beispiel Wasabi-Erbsen hineinmischt. Schmarrn ist nämlich nicht nur ein zerstückelter Pfannkuchen, sondern auch und vor allem ein ausgemachter Unfug. Wenn einer also den ganzen Tag einen Schmarrn anstellt oder auch einen Schmarrn erzählt, dann darf er als Schmarrnbruada bezeichnet werden – egal welcher Glaubensrichtung er angehört. Sollte er was anderes behaupten, dürfen Sie das getrost als Schmarrn abtun. Und wenn dieser Schmarrn vom Kaiser Franz persönlich stammt, als Kaiserschmarrn. (Aber das wiederum ist nun wirklich ein Riesenschmarrn.)

„Der Edi hod gestern wieda an soichern Schmarrn verzapft, dass' da Sau graust!"

NO. 96

MIT MILDER
SCHÄRFE GEWÜRZT

Sprichfotzn

NO. 96

Aufschneider mag man nirgends gern. Schon gar nicht in Bayern, dem Mutterland der Bescheidenheit. Dementsprechend viele Möglichkeiten gibt es daher, um ihn höflich zu ermahnen, doch bitte bei der Wahrheit zu bleiben: **Sprichfotzn! Brotz! Sprichbaidl!** Wobei Baidl, also Beutel, auf eine ausgeprägte Gerissenheit des Beutelträgers hindeutet. Fotzn meint das **Mai**, also den Mund, aus dem die **Sprich**, also die angeberischen Sprüche, kommen. Seltsamerweise gibt es in Bayern keine weibliche Form der Aufschneiderei. Sollte diese Form der Charakterschwäche etwa Y-chromosomal vererbt werden? Die Geschichte der Erbkrankheiten müsste neu geschrieben werden.

„**Dem Lenz, dera oidn Sprichfotzn,
glaab i sowieso nix mehr!**"

NO. 97

NO. 97

NO. 97

ZEFIX!
LIABLINGSBUIDLN

Schmarrnkiwe

wer?
DA EMIL UND DA LUDWIG

wo?
IM KIWE
BEI WAAKIRCHEN IN KEILSRIED

NO. 97

MIT MILDER
SCHÄRFE GEWÜRZT

Schmarrn wird nicht nur gebacken, Schmarrn wird vor allem **verzapft**. Jederzeit und überall. Das kann man morgens im Schmarrnbladl mit den vielen Bildern lesen, abends in einer Schmarrnshow anschauen und sich dazwischen in der Kaffeeküche vom größten **Schmarrnschedl** der Firma erzählen lassen. Unfug, Blödsinn, Quatsch, und natürlich auch Kaas. In Gedanken, Worten und Werken. Wenn einer den ganzen Tag nichts anderes tut, als Schmarrn über seine Umgebung auszukippen, dann ist das folgerichtig ein **Schmarrer**. Ob in einem Schmarrnkiwe jetzt noch mehr Blödsinn steckt als in einem Schmarrer, darüber streiten sich die Gelehrten der Malediktologie seit Jahren erbittert. Was man durchaus auch als ausgemachten Schmarrn bezeichnen könnte.

Merke:
„Des geht di an Schmarrn o!" heißt nicht, dass dich das einen Blödsinn angeht, sondern dass dich das überhaupt nichts angeht.

MIT MILDER
SCHÄRFE GEWÜRZT

Krachada

NO. 98

Der Krach, den ein Krachada macht, kann akustischer Natur sein, muss aber nicht. Ein Krachada kracht als Ganzes. Er ist entweder zu laut, zu bunt, zu grob oder zu derb. Schöngeister beklagen, dass er ihr ästhetisches Empfinden verletzt, Zartbesaitete fürchten sein brüllendes, Wände durchdringendes Lachen, alle anderen finden ihn einfach nur köstlich. Ein rustikales Urviech eben, durch und durch mit barocken Umgangsformen und Lebensfreude ausgestattet. Er lebt halt frei nach dem Lustprinzip: **Kracha und kracha lassn!** Ist das ein bayrisches Lebensprinzip? Wenn nicht, sollte es sofort dazu erhoben werden.

NO. 99

MIT MILDER
SCHÄRFE GEWÜRZT

Watschnbaam

NO. 99

Lassen Sie sich vom Bild nicht täuschen: Ein Watschenbaum hat nur zwei Arme. Die verästeln sich an ihren Enden zu jeweils fünf Fingern, und wenn der Baum umfällt, dann klatscht es. Bevor es aber so weit kommt, ertönt die Vorwarnung: **Iatz foit awa da Watschnbaam glei um!** Nur wenn der so Bedrohte daraufhin sein schändliches Tun fortsetzt, wird es ernst. Dann **duscht's** (knallt es), und es setzt eine **Bockfotzn** (eine saftige Watschn).

Rund um den Watschenbaum wachsen auch folgende Ableger: **Glei lang i da oane! – Glei schmier i da oane! – Glei fangst da oane!**

13

NICHT NUR LANG, SONDERN AUCH WEILIG

Dreizehntens:

Angesichts so amüsanter Erfindungen wie Fensterln, Wiesn und Schafkopfen könnte man annehmen, Bayern wäre ein Hort der immerwährenden Lebensfreude. Weit gefehlt! In jeder Wirtshausecke, auf jeder zweiten Parkbank und auch in den U-, S- und Straßenbahnen ist das Gegenteil zu beobachten. Die Gelangweilten, die Missgünstigen, die Säuerlichen, die Schlechtgelaunten sind überall. All jenen ist das nächste Kapitel gewidmet. Mögen sie sich doch verzupfa und die zu ihnen gehörigen Fachausdrücke gleich mit!

NO. 100
Grantlhuaba

NO. 101
Gschdingada

NO. 102
Zwidawuazn

NO. 103
Loamsiada

NO. 104
Faade Nocka

NICHT NUR LANG,
SONDERN AUCH WEILIG

Grantlhuaba

NO. 100

Auch ein Kovalschevski kann ein **Grantler** sein. Man nennt ihn dann aber der Einfachheit halber nicht Grantlkovalschevski, sondern eben Grantlhuaba. Im Stammbaum der mürrischen, alten Männer bildet die Familie der Hubers damit den dicksten Ast.

NO. 101

NICHT NUR LANG,
SONDERN AUCH WEILIG

Gschdingada

NO. 101

Vom Gstinkterten über den Gschdingaden, den Gschdingerden bis zum Gstinkaten existieren mehr als ein Dutzend Schreibweisen für diese Herrn. Was genau stinkt denn nun an einem Gschdingaden? Es ist weniger die Orthographie als die Tatsache, dass er mit üblen Gerüchen gar nichts zu tun hat. Ein Gschdingada ist entweder stinkfaul und entsprechend langsam. Oder er ist stinksauer, schlecht gelaunt und über irgendetwas verärgert. Wer also jemanden einen faulen, missmutigen Kerl nennen will, tut dies am besten so:
„**Du gschdingada Gschdingada, du gschdingada!**"

NICHT NUR LANG,
SONDERN AUCH WEILIG

Zwidawuazn

NO. 102

Echten Zwidawuazn ist alles zuwider. Das Leben im Allgemeinen und das eigene im Besonderen. Sie behaupten zudem, dass Zwidawuazn eine rein weibliche Erscheinung seien. Männer sind demnach niemals mürrisch, misslaunig und sauertöpfisch. Zwidawuazn sind weiblich! Es heißt schließlich auch die Wurzel und nicht der Wurzel. Wie auch immer, vielleicht liegt es genau an diesen Wurzeln, ob nun männlich oder weiblich, dass sie den Bewegungsradius ihres Besitzers einschränken. Sobald eine Zwidawuazn irgendwo sitzt, wächst sie dort nämlich fest.

Übungslektion:
„Do sitz i mi ned hi, do hockt da Hias, de oide Zwidawuazn."

NO. 103

ZEFIX!
LIABLINGSBUIDLN

Loamsiada

wer?
DIE ERHARDT BRIADA,
DA FLUMMY, DER MATTHIAS HOASST, DEN TROTZDEM
MANCHE HIAS NENNEN,
DER FLÖZ DER EIGENTLICH FLORI HOASST,
UND DA SEB, DER DEN SCHÖNEN NAMEN SEBASTIAN TRAGT

wo?
BEIM SCHOBER
IN DER SCHREINEREI BEI MIESBACH

NO. 103

NICHT NUR LANG,
SONDERN AUCH WEILIG

Ob der Loamsiada wirklich auf die Berufsbezeichnung eines Leimsieders zurückgeht, wird von Sprachforschern stark bezweifelt. Sie behaupten, dass Loam Lehm bedeutet. Aber wer würde schon versuchen, Lehm zum Kochen zu bringen? **Dees miassat scho a rechta Loamsiada sein.** Also ein dappiger, unbeholfener, langweiliger Mensch, der nix zustande bringt.

Übungslektion:
„Der Schorsch, dees is a rechta Loamsiada!"

NO. 104

NICHT NUR LANG,
SONDER AUCH WEILIG

Faade Nocka

NO. 104

Diese Nocka ist nicht zu verwechseln mit einem **Nockerl**, welches nicht fad, sondern höchstens **bazwoach** (Salzburger Nockerl) oder **boahard** (Lebernockerl) ausfallen kann. Ist das eine zu süß und das andere oft versalzen, so fehlt es einer faaden Nocka gleich an jeglicher Würze. Eine gscheide **Brisn** Pfeffer im Arsch würde ihm sicherlich gut tun. Oder ihr, denn faade Nockan treten sowohl männlich als auch – und häufiger – weiblich auf. Italophobe behaupten, die faade Nocka wäre ein sprachlicher Import aus Italien, wo sie als Gnocchi auf den Tellern ihr Unwesen treiben. Bei denen hilft allerdings kein Pfeffer. Sondern nur viel Parmigiano.

Übungslektion:
„Auweh, do hockt da Edi, de faade Nocka, de dreckfaade!"

VIELEN DANK

DARSTELLER

Vater Bolle / Matthias Erhardt / Geoffry Grafwallner / Konstantin Grafwallner Thomas Hofele / Daniela Steinberger Klaus Lang / Emil Meier / Ludwig Meier Thomas Nestl / Simon Pilmes / Florian Pilmes / Veronika Steinberger / Thomas Straub / Florian Erhardt / Sebastian Erhardt / Alexa Erhardt / Leo Lang Rupert Sinds / Marinus Ertl / Sophie Garhammer / Geoffry Grafwallner Georg Höss / Barbara Höss / Valerie Höss / Marinus Höss / Quirin Höss Charly Rauhaardackel / Regina Recht Ralf Vogl / Vitus Rettermeier / Rafael Eckerl Piminchumo / Maxi Grafwallner Lukas Erhardt / Marcus Staudacher Petra Schmid / Benjamin Steinberger Peer Zinglersen / Anton Mothwurf Ronja Lang / Cornelius Lang / Stefanie Keller / Katja Bolle / Susi Trierscheidt Angi Schmidt / Monika Ulbricht Andreas Larasser / Julius Larasser Elias Larasser / Nana Ulbricht / Hubert von Hayek / Clemens Twickler Dr. Gerhard Miecke / Paul Mothwurf Andreas Chevalier / Annette Debus Emil Zrinyi / Pius Zrinyi / Lucas Zrinyi Angi Lang-Grafwallner / David Kirsch Heinz Wallner

MITHILFE

Daniela Steinberger / Josef Steinberger
Isi Miecke-Meier / Anne Buck für
hofeleundludwig.de / Pierre Boudard
Peer Zinglersen / Familie Disl / Moni
Andreas und Hermann von Tegernsee
Keramik / Erika Pilmes / Thomas Straub
Holger Bertram / British Royal Cars
München / Bine Rehage / Restaurant
Goldmarie-München.de / Mama Bolle
Mathias Erhardt / Sebastian Erhardt
Schreinerei markus-schober.de
Theresa Lang / Mariella Lager
Wolfgang Lager / Gerhard Miecke
Barbara Höss / Florian Staudacher
Regina Recht / Gasthaus hafner-alm.de
Johannis Cafe München / Mama Koch
Katja Bolle / Gästehaus Seerose,
seeroserottach.de / Freie Tankstelle
in Gasse / Gerhard Mieckes Schaf †
Tomoko Ulbricht / Hansi Leo sen.
Hansi Leo jun. / Tine Leo / Florian
Erhardt / Dirk Eisel / Grafwallners
Metzger Hof / Familie Debus-
Chevalier / Ruderverein am Tegernsee
Isartalstudio / Ostermair Hof
Familie Hofberger / Mariandl Café
am Beethovenplatz / Johanna Kirsch /
Mossl Hof / Familie Krönauer / Gisi
Stowischek / Musik-Eck TV Service
GmbH / Gaststätte Grossmarkthalle
Thomafischer, thomafischer.de / uva.

FACHLITERATUR

die uns bei den oberbayrisch-
niederbayrisch-oberösterreichischen
Grenzfällen geholfen hat:
Ludwig Zehetner, Bairisches Deutsch
(Edition Vulpes, Regensburg 2005)
und Reinhold Aman, Bayrisch-
Österreichisches Schimpfwörterbuch
(Allitera Verlag, München 2005).

DE ZEFIXLA

ZEFIX!
DE SAN SCHUID!

MARTIN BOLLE

hat Berliner Ahndln (also Vorfahren), ist in Tegernsee geboren und dort aufgewachsen. Nach seiner Ausbildung am Lette-Verein in Berlin und anschließenden Assistenzen arbeitet er als Werbefotograf mit Studio in München. Seine Themen sind Stillleben, Menschen, Unternehmen und Tourismus. Wenn er nicht ein paar Hundertstel Sekunden arbeitet, macht er mit Frau und Tochter München und das Tegernseer Tal unsicher.

MARKUS KELLER

ist in Buch am Erlbach aufgewachsen, im Grenzgebiet zwischen Ober- und Niederbayern. Als Grenzgänger zwischen Werbung und Design arbeitet er seit mehr als zwanzig Jahren in München. Anfangs frei, heute in seiner eigenen Agentur. Warum es in Bayern so viele Zuagroaste gibt, wundert den passionierten Windsurfer nicht. „Das ist doch der schönste Platz auf Erden – fehlen nur das Meer und die Wellen."

ONO MOTHWURF

ist vor einem Vierteljahrhundert aus Oberösterreich (Linguisten-Gscheidhaferl sagen dazu: Mittelbairischer Sprachraum) nach München gepilgert, um Karl Valentin näher zu kommen und für die Windsurfing-Bibel „surf" zu schreiben. Später ist er zur Werbung konvertiert. Heute arbeitet er freiberuflich als Texter und Autor und schreibt Kriminalromane.

ZEFIX!

ZEFIX!

Aus is? Weida geht's!

So ein Buch ist so schnell aus, dass es manchmal fast schad' ist. Gott sei Dank gibt's noch mehr von Zefix. Jedes Jahr im Herbst einen neuen Tisch- oder auch Wandkalender, dann gibt's noch Fuizln (Bierdeckel), Bredln (Jausenbretter), Memo (Memo) und andere Zefix! Spassettln (Unterhaltsamkeiten). Ganz einfach zu bestellen unter sz-shop.de.
Viel Vergnügen!

SZ-SHOP.DE

©Süddeutsche Zeitung GmbH, München
für die Süddeutsche Zeitung Edition, 2014

3. Auflage 2016

Gestaltung und Herstellung: Markus Keller
Titelfoto und alle Fotos im Inhalt: Martin Bolle
Text: Ono Mothwurf
Projektmanagement: Till Brömer
Druck und Bindearbeiten: Grafisches Centrum Cuno, Calbe (Saale)
Printed in Germany

ISBN: 978-3-86497-204-1

ZEFIX!

DAS BUCH ZUM FLUCH

VON MARTIN BOLLE, MARKUS KELLER
UND ONO MOTHWURF

01. KAASLOAWE 02. OIDE SCHOASSDROMME 05. KRISCH 08. KERNDIGFUADAD 09. SCHO DIRRA HEITA 12. GREISLIGA P 15. BEISSZANG 16. MISTV SACK VOI HIRSCHGWEIH GSCHNAPPIGE GREDL 22. B GIFTNUDL 25. GROSSKO DRECKHAMME 28. SCHNOINTRE OACHEBEA 32. HAUMDAUCHA DRAAMHAPPADA 36. BRE BAUERNFUMFA 39. AM KRIAGLWASCHA 41. LALLI 4 GSCHAFTLMACHA 45. HEISLSC HODALUMP 48. HOIBSCH HINTAFOTZIGA 51. ODRAH ZSAMMGSUFFANA 54. GSCH NUDLDRUGGA 57. BRITSCHN 5 60. KUTTNBRUNZA 61. LA NO AGAIZUZLA 64. KLOAI FREIBIERLADSCHN 67. KNI ROTZLEFFE 70. FLASCHLBU ZELTEN 73. BANKERT 74. HUNDSGRIPPE 77. RUACH 78 GLOIFFE 81. SCHLU SAUPREISS KINÄSISCHA! 83. K GSCHWERL 86. OHABIGA 87 FLIETSCHERL 90. LUADA 91. D TREIBAUF 94. KASCHPERLK SPRICHFOTZN 97. SCHMA WATSCHNBAAM 100. GRANT ZWIDAWUAZN 103. LOA